आत्मविश्वास
(सफलता की मजबूत नींव)

राज कुमार जैन
रुचिरा जैन

प्रकाशक
Notion Press Media Pvt. Ltd.

Notion Press Media Pvt. Ltd.

#7, Red Cross Road,

Egmore, Chennai, Tamil Nadu 600008

Email : publish@notionpress.com, support@notionpress.com

Phone : **+91 44 46315631**

प्रथम संस्करण: 2026

Cover, Layout and Illustrations **by Raj Kumar Jain**

Genre of Book **: Non-fiction**

उन सैकड़ों शिक्षकों, छात्रों और सहकर्मियों को, जिन्होंने हमारे जीवन को छुआ और इस पुस्तक में व्यक्त किए गए विचारों को प्रभावित किया। हमारे उन मित्रों को विशेष धन्यवाद और आभार, जिन्होंने हमें

"आत्मविश्वास (सफलता की मजबूत नींव)"

की गहरी अवधारणाएँ सिखाईं। हम सभी को याद रखना चाहिए कि आत्मविश्वास वह आंतरिक शक्ति है जो हमें अपनी क्षमताओं पर विश्वास करना सिखाती है।

राज कुमार जैन
रुचिरा जैन

प्रस्तावना (FOREWORD)

श्री राज कुमार जैन और सुश्री रुचिरा जैन की इस ज्ञानवर्धक और प्रेरणादायक पुस्तक की प्रस्तावना लिखना मेरे लिए सम्मान और प्रसन्नता का विषय है। वर्षों से उन्हें व्यक्तिगत रूप से जानने के कारण, मुझे समर्पण, दृढ़ता, ईमानदारी और आत्मविश्वास के बल पर सार्थक सफलता प्राप्त करने की क्षमता में अटूट विश्वास से परिपूर्ण उनके सफर का साक्षी बनने का सौभाग्य प्राप्त हुआ है। आज की बढ़ती मांग और प्रतिस्पर्धा में, आत्मविश्वास केवल एक व्यक्तिगत गुण से कहीं अधिक है — यह विकास, नेतृत्व, निर्णय लेने और दृढ़ता का एक अनिवार्य आधार है। प्रतिभा और क्षमता से संपन्न होने के बावजूद, कई व्यक्ति अपनी वास्तविक क्षमता को साकार करने के लिए संघर्ष करते हैं क्योंकि वे आत्म-संदेह और असफलता के भय से अवरुद्ध हो जाते हैं। यह पुस्तक इस चुनौती का स्पष्टता, बुद्धिमत्ता और व्यावहारिक समझ के साथ समाधान प्रस्तुत करती है।

इस कृति की सबसे बड़ी खूबी यह है कि यह आत्मविश्वास को केवल एक सिद्धांत के रूप में प्रस्तुत नहीं करती, बल्कि इसमें वास्तविक अनुभव, व्यक्तिगत विकास और मानवीय संघर्षों की गहरी समझ झलकती है। लेखक समझते हैं कि आत्मविश्वास जन्मजात नहीं होता; यह चुनौतियों, असफलताओं, दृढ़ता और आत्म-विश्वास के माध्यम से धीरे-धीरे विकसित होता है। इन पृष्ठों में प्रस्तुत विचार सहज और उत्साहवर्धक हैं, जो पाठकों को आंतरिक शक्ति विकसित करने, सीमाओं को पार करने और सकारात्मक एवं आत्मविश्वासपूर्ण मानसिकता बनाने के लिए व्यावहारिक मार्गदर्शन प्रदान करते हैं।

वर्षों से, मैं लेखक की शब्दों और कार्यों दोनों के माध्यम से दूसरों को प्रेरित करने की क्षमता का प्रशंसक रहा हूँ। वही भावना इस पुस्तक में भी स्पष्ट रूप से दिखाई देती है। आत्मविश्वास को एक अमूर्त अवधारणा के रूप में प्रस्तुत करने के बजाय, लेखक यह दर्शाते हैं कि इसे आत्म-जागरूकता, अनुशासन, तैयारी, दृढ़ता और असफलताओं से सीखने की इच्छा के माध्यम से धीरे-धीरे कैसे विकसित किया जा

सकता है। इस पुस्तक की खूबी इसकी सरलता, प्रासंगिकता और सार्वभौमिक अपील में निहित है। चाहे पाठक भविष्य की चुनौतियों के लिए तैयारी कर रहा छात्र हो, उत्कृष्टता के लिए प्रयासरत पेशेवर हो, महत्वाकांक्षी लक्ष्यों का पीछा कर रहा उद्यमी हो, या व्यक्तिगत परिवर्तन की तलाश में कोई व्यक्ति हो, इसमें साझा किए गए सबक स्थायी प्रभाव डालने की क्षमता रखते हैं।

मुझे विश्वास है कि यह पुस्तक जीवन के सभी क्षेत्रों के पाठकों के लिए एक मूल्यवान साथी साबित होगी। इससे भी महत्वपूर्ण बात यह है कि यह उन्हें अपनी क्षमताओं पर भरोसा करने, साहस के साथ अवसरों को अपनाने और नए दृढ़ संकल्प और आशावाद के साथ आगे बढ़ने के लिए प्रोत्साहित करेगी। मैं श्री राज कुमार और सुश्री रुचिरा को इस सराहनीय योगदान के लिए बधाई देता हूं और हार्दिक आशा करता हूं कि यह पुस्तक अनगिनत पाठकों तक पहुंचे और उन्हें प्रेरित करे। आशा है कि यह व्यक्तियों को अपने भीतर के आत्मविश्वास को खोजने और अपनी उच्चतम क्षमता को प्राप्त करने के लिए सशक्त बनाएगी।

Dr. Anirudh Gupta

India's Leading Edupreneur,
CEO (DCM Group of Schools)

भूमिका (Preface)

आत्मविश्वास है जहाँ सफलता है वहाँ

वह शक्ति जो आपके भीतर सोई है

कल्पना कीजिए कि आप एक ऐसे कमरे में खड़े हैं जहाँ चारों तरफ अंधेरा है। आपको बाहर जाने का रास्ता नहीं मिल रहा, आप दीवारों से टकरा रहे हैं और आपको डर लग रहा है। अचानक, आपको पता चलता है कि आपकी जेब में एक टॉर्च है। जैसे ही आप उसे जलाते हैं, अंधेरा गायब हो जाता है और रास्ता साफ दिखने लगता है। **आत्मविश्वास (Self-Confidence) वही टॉर्च है।**

हम में से ज्यादातर लोग अपनी पूरी ज़िंदगी उसी अंधेरे कमरे में बिता देते हैं, यह सोचकर कि शायद हम में ही कोई कमी है। हम दूसरों को देखते हैं और सोचते हैं— "काश मैं भी उसकी तरह बेबाकी से बोल पाता," या "काश मुझमें भी इतनी हिम्मत होती कि मैं अपना सपना पूरा कर पाता"। लेकिन सच यह है कि शक्ति (Power) कहीं बाहर नहीं है। वह आपके भीतर दबी हुई है, बस उसके ऊपर डर, संकोच और 'लोग क्या कहेंगे' की धूल जम गई है।

आत्मविश्वास मनुष्य के व्यक्तित्व का वह आधार है जिस पर सफलता, संतुलन और संतोष की इमारत खड़ी होती है। यह वह आंतरिक शक्ति है जो व्यक्ति को अपनी क्षमताओं पर विश्वास करना सिखाती है। आज के प्रतिस्पर्धात्मक युग में आत्मविश्वास का महत्व और भी बढ़ गया है। चाहे विद्यार्थी हो, कर्मचारी हो, व्यवसायी हो या गृहिणी—हर व्यक्ति के जीवन में आत्मविश्वास की भूमिका अत्यंत महत्वपूर्ण है।

यह किताब किसके लिए है?

यह किताब उन लोगों के लिए है जो:

- भीड़ में खड़े होने से कतराते हैं।
- जिन्हें अपनी काबिलियत पर शक होता है।
- जो जानते हैं कि वो बहुत कुछ कर सकते हैं, पर पहल नहीं कर पाते।

इस किताब के पन्नों में आप केवल थ्योरी नहीं पढ़ेंगे, बल्कि आप खुद को दोबारा खोजेंगे। आप सीखेंगे कि कैसे अपनी कमियों को अपनी ताकत बनाना है और कैसे उस 'डर' का हाथ पकड़कर सफलता की सीढ़ी चढ़नी है।

आज से आप यह कहना छोड़ देंगे कि "मुझसे नहीं होगा।" आज से आप कहेंगे, "पहचानिए अपनी शक्ति, क्योंकि अब आपकी बारी है।"

राज कुमार जैन
रुचिरा जैन

आभार (Acknowledgements)

इस पुस्तक की रचना हमारे सहकर्मियों, शिक्षकों और छात्रों के साथ हुई अनगिनत चर्चाओं का परिणाम है। उन सभी का नाम व्यक्तिगत रूप से लेना संभव नहीं है, लेकिन विषयवस्तु पर हमारे विचारों को संरूपित करने में उनके योगदान के लिए हम उन सभी का आभार व्यक्त करते हैं। उनके निरंतर प्रोत्साहन और हमारे विचारों को संवर्धित करने के प्रयासों की झलक इस पूरी पुस्तक में मिलती है।

हम श्री पी. शिवाराम (फाई कैपिटल में पार्टनर) और श्रीमती मालिनी शिवाराम का उनके निरंतर प्रोत्साहन, मार्गदर्शन, नवीन विचारों, रचनात्मक सुझावों और प्रूफ रीडिंग में उनकी सहायता के लिए आभारी हैं। श्री भरत बी. गुप्ता और श्रीमती उषा गुप्ता ऐसे प्रेरक व्यक्तित्व रहे हैं, जिनके दृढ़ प्रोत्साहन ने हमें "**आत्मविश्वास (सफलता की मजबूत नींव)**" लिखने में मदद की। पॉडकास्ट आयोजित करने और हमें अमूल्य सुझाव देने के लिए श्री प्रवीण जोशी और श्री राजेश आर्य को हमारा हार्दिक धन्यवाद। हम कवीश, रिद्धिमा, अखिल और निमिषा के प्रति अपनी हार्दिक कृतज्ञता व्यक्त करना चाहते हैं, जिन्होंने खुशी-खुशी हमारे प्रयासों में अपना योगदान दिया और हमें शानदार विचार दिए जो इस पुस्तक में प्रतिबिंबित होते हैं।

अंत में, लेकिन किसी भी मायने में कम महत्वपूर्ण नहीं, हम डॉ. अनिरुद्ध गुप्ता के आभारी हैं, जिन्होंने इस पुस्तक की प्रस्तावना की रचना की और हमें समय समय पर अपने अनुभव के आधार पर "छात्रों में आत्मविश्वास" के बारे में जानकारी प्रदान की। एक बौद्धिक साथी और एक मेन्टर के रूप में उनसे जो अपेक्षा की जा सकती है, उससे कहीं अधिक उनका योगदान है।

राज कुमार जैन **रुचिरा जैन**

विषय-सूची (Table of Contents)

अध्याय 1
आत्मविश्वास क्या है और क्या नहीं?

कल्पना कीजिए कि आपको एक पार्टी में जाना है जहाँ आप किसी को नहीं जानते। कमरे के दरवाज़े पर पहुँचते ही आपके हाथ-पैर ठंडे होने लगते हैं। आप अपने कपड़े ठीक करते हैं, फ़ोन निकालने का नाटक करते हैं ताकि किसी से बात न करनी पड़े, और मन ही मन सोचते हैं— "काश! मैं भी उन लोगों जैसा होता जो कितनी आसानी से सबसे बात कर लेते हैं।"

हम अक्सर दूसरों के बाहरी व्यवहार को देखकर उसे 'आत्मविश्वास' मान लेते हैं। लेकिन क्या वाकई आत्मविश्वास का मतलब सिर्फ बेबाक बोलना या सेंटर ऑफ अट्रैक्शन होना है? ज्यादातर लोग समझते हैं कि आत्मविश्वास का मतलब है—स्टेज पर खड़े होकर बिना डरे चिल्लाना, या हर वक्त दूसरों पर हावी रहना। लेकिन क्या यह सच है?

आत्मविश्वास की असली परिभाषा

आत्मविश्वास वह शोर नहीं है जो आप बाहर करते हैं, बल्कि वह **खामोश यकीन** है जो आपके भीतर होता है। यह वो नहीं है कि "सब मुझे पसंद करेंगे," बल्कि यह है कि "अगर कोई मुझे पसंद न भी करे, तो भी मैं ठीक हूँ।"

- **आत्मविश्वास = खुद की क्षमता पर भरोसा।**
- **अहंकार (Ego) = दूसरों को खुद से कम समझना।**

इन दोनों के बीच की महीन रेखा को समझना बहुत ज़रूरी है। आत्मविश्वास आपको ऊपर उठाता है, जबकि अहंकार आपको दूसरों की नज़र में गिरा देता है। सरल शब्दों में कहें तो, आत्मविश्वास खुद के साथ एक **'समझौता'** है। यह इस बात का यकीन है कि चाहे परिस्थितियाँ कैसी भी हों, आप उन्हें संभाल लेंगे। इसे एक उदाहरण से समझते हैं। जब एक पक्षी पेड़ की टहनी

पर बैठता है, तो उसे टहनी के टूटने का डर नहीं होता। क्यों? क्योंकि उसका भरोसा टहनी पर नहीं, बल्कि अपने **पंखों** पर होता है।

आत्मविश्वास	अहंकार
स्वयं पर विश्वास	स्वयं को श्रेष्ठ मानना
विनम्रता	घमंड
सीखने की इच्छा	आलोचना अस्वीकार

इनमे संतुलन बनाए रखना आवश्यक है।

शक्ति सूत्र: आत्मविश्वास बाहरी परिस्थितियों पर निर्भर नहीं होता, यह आपकी आंतरिक क्षमता पर भरोसे का नाम है। आत्मविश्वास वह भावना है जिससे व्यक्ति अपने निर्णय, विचार और कार्यों पर भरोसा करता है। यह वह भावना है जो हमें यह विश्वास दिलाती है कि हम परिस्थितियों का सामना कर सकते हैं, चुनौतियों को पार कर सकते हैं और अपने लक्ष्यों को प्राप्त कर सकते हैं।

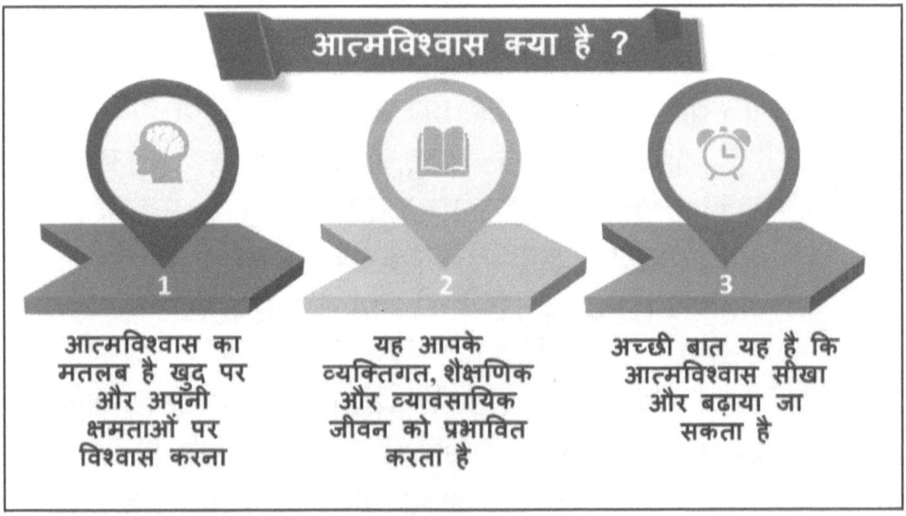

भ्रम बनाम वास्तविकता

समाज ने हमें आत्मविश्वास की एक गलत तस्वीर दिखाई है। हमें लगता है कि जो व्यक्ति सबसे तेज़ चिल्लाता है या जो सबसे ज़्यादा 'स्मार्ट' दिखता है, वही

कॉन्फिडेंट है। लेकिन यह सच नहीं है। अक्सर लोग सोचते हैं कि जब उनके पास बहुत पैसा होगा, अच्छी बॉडी होगी या वे बहुत सुंदर दिखेंगे, तभी उनमें कॉन्फिडेंस आएगा। लेकिन यह **'शर्त वाला आत्मविश्वास'** है। असली शक्ति तब आती है जब आप अपनी कमियों के साथ खुद को स्वीकार करते हैं। याद रखिए, दुनिया आपको उसी नज़र से देखेगी, जिस नज़र से आप खुद को देखते हैं।

'दिखावा' बनाम 'महसूस करना'

आपने सुना होगा— *"Fake it until you make it."* (जब तक बन न जाओ, तब तक दिखावा करो)। यह कुछ हद तक सही हो सकता है, लेकिन इस किताब का मकसद आपको दिखावा सिखाना नहीं, बल्कि अंदर से मज़बूत बनाना है।

- **दिखावा:** दूसरों को प्रभावित (Impress) करने के लिए।
- **शक्ति:** खुद को व्यक्त (Express) करने के लिए।

मनन करने योग्य विचार: *आत्मविश्वास यह नहीं है कि आपके पास हर सवाल का जवाब हो, बल्कि यह है कि आप हर सवाल का सामना करने के लिए तैयार हैं।*

आत्मविश्वास (Self-Confidence) क्या नहीं है:

- **यह अहंकार (Ego) नहीं है:** अहंकार कहता है— "मैं सबसे बेहतर हूँ।" आत्मविश्वास कहता है— "मुझे सबसे बेहतर होने की ज़रूरत नहीं है, मैं जैसा हूँ, पर्याप्त हूँ।" घमंड में व्यक्ति दूसरों को छोटा समझता है। आत्मविश्वास में व्यक्ति स्वयं को सक्षम समझता है।
- **यह शोर नहीं है:** ज़रूरी नहीं कि आत्मविश्वासी व्यक्ति हमेशा बोलता रहे। असली कॉन्फिडेंस अक्सर खामोशी में होता है।
- **यह डर की अनुपस्थिति नहीं है:** अगर आप डर नहीं रहे, तो आप साहसी नहीं हैं, आप बस बेपरवाह हैं। आत्मविश्वास का मतलब है डर के बावजूद कदम बढ़ाना।

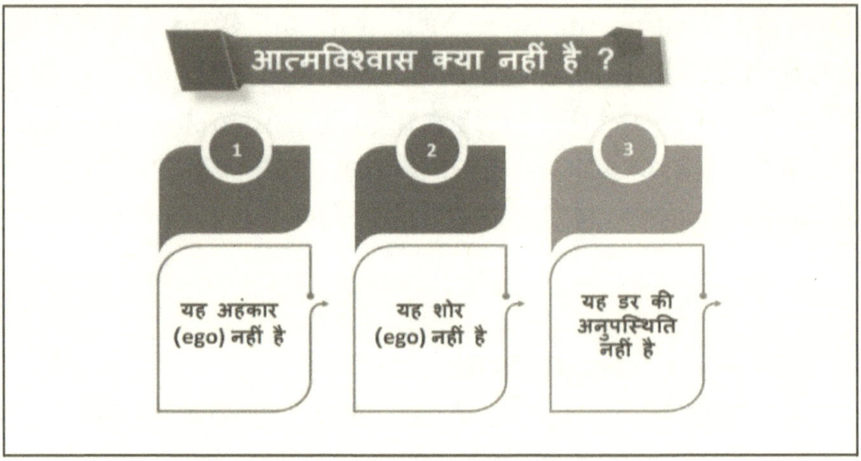

क्या आत्मविश्वास स्थायी है?

एक और बड़ी गलतफहमी यह है कि या तो आपके पास कॉन्फिडेंस होता है, या नहीं होता। लोग कहते हैं, "मैं बचपन से ही ऐसा हूँ।" सच तो यह है कि आत्मविश्वास कोई 'टैलेंट' नहीं है जिसे आप लेकर पैदा होते हैं। यह एक **'कौशल' (Skill)** है। जैसे आप साइकिल चलाना या खाना बनाना सीखते हैं, वैसे ही आप आत्मविश्वास भी सीख सकते हैं। यह एक रेडियो की तरह है, जिसकी ट्यूनिंग आपको हर दिन थोड़ी-थोड़ी ठीक करनी पड़ती है।

आत्मविश्वास के तीन स्तंभ (The Three Pillars)

1. **आत्म-स्वीकृति (Self-Acceptance):** अपनी खूबियों और अपनी कमियों, दोनों को अपनाना। जब आप खुद को 'परफेक्ट' दिखाने की कोशिश छोड़ देते हैं, तो आधा तनाव अपने आप खत्म हो जाता है।
2. **तैयारी (Preparation):** अगर आपको बिना तैयारी के स्टेज पर भेज दिया जाए, तो घबराहट होना स्वाभाविक है। तैयारी आत्मविश्वास की खुराक है।
3. **अनुभव (Experience):** बार-बार किसी काम को करने से मन का डर खत्म हो जाता है।

इन तीन स्तंभ स्तंभों के अलावा आत्मविश्वास की नींव सकारात्मक सोच, आत्म-सम्मान और निरंतर अभ्यास पर टिकी हुई है।

आत्मविश्वास क्यों जरुरी है:

आत्मविश्वास जीवन में सफलता, निर्णय लेने की क्षमता और चुनौतियों से उबरने के लिए अनिवार्य है। यह असफलता को सीखने के अवसर के रूप में देखने, जोखिम लेने, तनाव कम करने और सकारात्मक मानसिक दृष्टिकोण विकसित करने में मदद करता है और जरुरी है -

- सफलता के लिए
- नेतृत्व के लिए
- अच्छे संबंधों के लिए
- मानसिक शांति के लिए
- निर्णय लेने की क्षमता बढ़ाने के लिए
- डर और संकोच को कम करने के लिए
- संचार कौशल को बेहतर बनाने के लिए
- नेतृत्व क्षमता विकसित करने के लिए
- मानसिक तनाव को कम करने के लिए
- सकारात्मक सोच को प्रोत्साहित करने के लिए

जिस व्यक्ति में आत्मविश्वास होता है, वह कठिन परिस्थितियों में भी धैर्य बनाए रखता है। निम्न आकृति इस प्रश्न का स्वयं में उत्तर है ..

आत्मविश्वास क्यों जरूरी है

01 आपको पहल करने में मदद करता है

02 संचार और निर्णय लेने की क्षमता को बेहतर बनाता है

03 जिनका विश्वास अच्छा होता है, उन्हें किसी भी कार्य को करते समय घबराहट नहीं होती

04 विश्वास सफलता दिलाने में सबसे ज्यादा कारगर साबित होता है।

05 असफलता के डर को कम करता है

06 अपने ऊपर विश्वास करने वाले व्यक्ति हमेशा सफलता के शिखर तक पहुंचते हैं

07 प्रदर्शन और संबंधों को मजबूत करता है

08 जिस इंसान का विश्वास जितना अच्छा होगा, उस व्यक्ति की निराशा उतनी ही कम होगी

आत्मविश्वास कैसे बढ़ाएं ?

छोटे लक्ष्य रखना, सफलता का जश्न मनाना, खुद से बात करना, सकारात्मक सोच, स्वयं को स्वीकार करना, निरंतर अभ्यास करना और इनके अलावा अनेक बिंदु निम्न आकृति में इस विषय पर दर्शाए गए हैं ..

आत्मविश्वास कैसे बढ़ाएँ

1. सबसे पहले अपनी खूबियों को पहचानें कि आप क्या कर सकते हैं।
2. अपना एक उद्देश्य लिखकर तैयार करें, उसे रोज़ पढ़ें और उस उद्देश्य से संबंधित रोज़ कुछ नया करें।
3. अपने आप से बातें करें और अपने आपको बताएँ कि आप दुनिया का हर कार्य करने में सक्षम हैं क्योंकि आपको भगवान ने बनाया है।
4. रोज़ कुछ नया पढ़ने की आदत डालें।
5. निराशावादी व्यक्तियों से दूर रहें।
6. जिस कार्य को पसंद करते हैं, उसे आत्म विश्वास से करें। गलत होने पर निराश न हों।
7. गरीबों और जरूरतमंदों की मदद करें, इससे आपके आत्मविश्वास को बल मिलता है।

आत्मविश्वास की कमी के कारण

यदि व्यक्ति बार-बार स्वयं को कमजोर समझता है, तो उसका आत्मविश्वास धीरे-धीरे कम होने लगता है। आत्मविश्वास की कमी के अनेको कारणों में से कुछ हैं :-

- बचपन के नकारात्मक अनुभव
- बार-बार असफलता
- दूसरों से तुलना
- आलोचना का भय
- सामाजिक दबाव
- नकारात्मक सोच

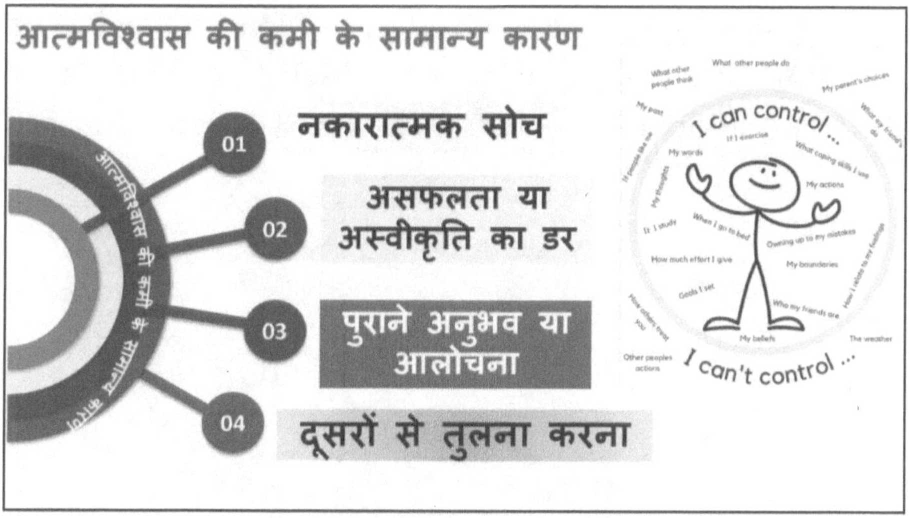

आत्मविश्वास और सफलता का संबंध

आत्मविश्वास और सफलता का गहरा संबंध है और यह संबंध 'कारण और परिणाम' का है, जहाँ आत्मविश्वास (अपनी क्षमताओं पर अटूट विश्वास) सफलता की नींव और कुंजी है। उच्च आत्मविश्वास वाले व्यक्ति असफलता को सीख मानकर लगातार प्रयास करते हैं, जिससे सफलता सुनिश्चित होती है। आत्मविश्वास व्यक्ति को जोखिम उठाने का साहस देता है। सफल व्यक्ति असफलता से डरता नहीं, बल्कि उससे सीखता है।

पाठक के लिए आज का कार्य (Action Task):

आज रात सोने से पहले एक कागज़ पर लिखें: **"मैं एक अधूरा काम हूँ और मुझे खुद पर गर्व है।"** अपनी कमियों को स्वीकार करना ही उन्हें दूर करने की दिशा में पहला कदम है।

अपनी डायरी में ऐसी 3 चीज़ें लिखें जो आप सिर्फ इसलिए नहीं कर रहे क्योंकि आपको डर है कि लोग क्या कहेंगे। उन 3 चीज़ों के आगे लिखें— "यह मेरी शक्ति है और मैं इसे आज़माऊँगा।"

इस अध्याय का सार:

आत्मविश्वास वह नहीं है जो आपको दूसरों से ऊपर खड़ा करे, बल्कि वह है जो आपको अपने ही डर से ऊपर उठा दे। यह खुद को पहचानने की पहली सीढ़ी है। स्वयं पर भरोसा करना, अपनी क्षमताओं पर विश्वास रखना और कठिन परिस्थितियों में भी स्थिर रहना आत्मविश्वास के महत्वपूर्ण सूत्र हैं।

अध्याय 2
खुद को कम आंकना बंद करें
(Stop Underestimating Yourself)

(अपने भीतर के सबसे बड़े दुश्मन को खामोश करना सीखें)
क्या आपके साथ कभी ऐसा हुआ है कि आप कोई नया काम शुरू करने वाले हों, और अचानक आपके दिमाग में एक आवाज़ गूंजती है— "रहने दो, तुमसे नहीं होगा," या "अगर तुम फेल हो गए, तो सब क्या कहेंगे?"
क्या आपके दिमाग में कभी ऐसी कोई आवाज़ आई है जो कहती है— "तुम इसके लायक नहीं हो," "वह तुमसे बेहतर है," या "अगर तुमने गलती की तो सब हँसेंगे"?

यह आवाज़ आपकी अपनी नहीं है। मनोविज्ञान की भाषा में इसे **'Internal Critic'** या 'आंतरिक आलोचक' कहते हैं। यह वह हिस्सा है जो आपकी हर छोटी गलती का रिकॉर्ड रखता है और आपकी हर कामयाबी को 'किस्मत' बताकर टाल देता है। यह आपके भीतर छिपा वह अदृश्य व्यक्ति है जो आपकी हर छोटी गलती पर आपको सजा सुनाता है। अपनी शक्ति को पहचानने के लिए, सबसे पहले इस आलोचक को पहचानना और उसे चुप कराना ज़रूरी है।

आत्मविश्वास की यात्रा में सबसे बड़ी बाधा अक्सर बाहरी परिस्थितियाँ नहीं, बल्कि हमारा अपना मन होता है। हम में से कई लोग अपनी क्षमताओं, प्रतिभा और उपलब्धियों को कम आँकते हैं। “मैं यह नहीं कर पाऊँगा”, “मैं दूसरों जितना अच्छा नहीं हूँ”, “मेरे बस की बात नहीं है” — ऐसे विचार धीरे-धीरे हमारे आत्मविश्वास को कमजोर कर देते हैं। इसलिए आत्मविश्वास बढ़ाने की दिशा में पहला और सबसे महत्वपूर्ण कदम है — **खुद को कम आँकना बंद करना।**

हम खुद के सबसे सख्त जज क्यों हैं?
अक्सर हम दूसरों के प्रति बहुत दयालु होते हैं। अगर आपका कोई दोस्त असफल होता है, तो आप उससे कहते हैं, "कोई बात नहीं, अगली बार कोशिश करना।" लेकिन जब आप खुद असफल होते हैं, तो आप खुद को कोसने लगते हैं— "मैं ही बेवकूफ हूँ," "मुझमें ही अक्ल नहीं है।" हम खुद को कम इसलिए आंकते हैं क्योंकि हम अपनी तुलना दूसरों के **'बाहरी चमक-धमक'** से करते हैं, जबकि हम अपनी **'आंतरिक कमियों'** को जानते हैं। इसके प्रमुख कारण हैं :-

1. तुलना का ज़हर (The Poison of Comparison)
आज के दौर में हम एक ऐसी दुनिया में रह रहे हैं जहाँ हर कोई अपनी जीत का ढिंढोरा पीट रहा है। सोशल मीडिया पर किसी की सफलता देखकर हमें लगता है कि हम पीछे छूट गए हैं।
सच्चाई: आप अपनी 'चैप्टर 1' की तुलना किसी और के 'चैप्टर 20' से कर रहे हैं। जब आप खुद को कम आंकते हैं, तो आप ब्रह्मांड की उस अनोखी रचना का अपमान करते हैं जो सिर्फ आप हैं। याद रखिए, सूरज और चाँद दोनों चमकते हैं, लेकिन अपने-अपने समय पर। हम अक्सर अपनी 'Behind-the-scenes' (संघर्ष) की तुलना दूसरों की 'Highlight reel' (सफलता) से करते हैं। जब आप किसी को सोशल मीडिया पर खुश देखते हैं, तो आप खुद को कम आंकने लगते हैं।

सच्चाई: आपकी शक्ति आपकी अपनी यात्रा में है, किसी और की नकल करने में नहीं।

2. 'मुझसे नहीं होगा' का लेबल

बचपन में किसी टीचर ने कह दिया "तुम गणित में कमज़ोर हो," या किसी रिश्तेदार ने कह दिया "तुम्हारी आवाज़ अच्छी नहीं है।" हमने उन बातों को पत्थर की लकीर मान लिया और खुद पर एक 'लेबल' लगा लिया।

- **शक्ति का विचार:** अतीत में किसी ने आपके बारे में क्या कहा, वह आपकी 'सच्चाई' नहीं है। वह केवल उनकी 'राय' थी। अपनी शक्ति पहचानने के लिए आपको इन पुराने लेबलों को उखाड़कर फेंकना होगा।

बचपन में या किसी पुराने अनुभव के आधार पर हम खुद पर एक लेबल लगा देते हैं: "मैं बोलने में कच्चा हूँ," "मैं गणित में कमज़ोर हूँ," या "मैं दिखने में साधारण हूँ।" ये लेबल आपके पैर की बेड़ियाँ बन जाते हैं। अपनी शक्ति पहचानने के लिए इन लेबलों को उखाड़ फेंकना होगा।

3. पूर्णतावाद का जाल (The Perfectionism Trap)

बहुत से लोग आत्मविश्वास की कमी महसूस करते हैं क्योंकि वे **'Perfect'** होना चाहते हैं। वे सोचते हैं कि जब तक सब कुछ सही नहीं होगा, वे शुरुआत नहीं करेंगे और स्वयं को योग्य नहीं मानेगे मानेंगे।

याद रखें: पूर्णता (Perfection) एक भ्रम है। प्रगति (Progress) ही असली शक्ति है। गलतियाँ इस बात का सबूत हैं कि आप कोशिश कर रहे हैं।

4. अपनी 'सेल्फ-टॉक' को बदलें

आप अपने आप से कैसे बात करते हैं, इसका सीधा असर आपके आत्मविश्वास पर पड़ता है।

- **गलत:** "मैं यह नहीं कर सकता, मैं बहुत डरपोक हूँ।"
- **सही:** "मुझे डर लग रहा है, और यह सामान्य है। मैं डर के साथ ही आगे बढ़ूँगा।"

जब आप अपनी भाषा बदलते हैं, तो आपका दिमाग आपको 'शिकार' (Victim) की जगह 'विजेता' (Warrior) की तरह देखना शुरू कर देता है।

शक्ति जगाने का मंत्र:

अगली बार जब आपका मन कहे कि "तुम यह नहीं कर सकते," तो उसे तुरंत टोकें और कहें— **"मैं अभी सीख रहा हूँ, और मैं इसे करके दिखाऊँगा।"**

खुद को कम आँकने के नुकसान

- अवसर हाथ से निकल जाते हैं क्योंकि हम कोशिश ही नहीं करते।
- आत्मविश्वास और मानसिक शांति प्रभावित होती है।
- निर्णय लेने की क्षमता कमजोर हो जाती है।
- दूसरों पर अत्यधिक निर्भरता बढ़ जाती है।
- जीवन में संतोष और खुशी कम हो जाती है।

जब हम खुद को कम आँकते हैं, तो हम अपने विकास की संभावनाओं को स्वयं सीमित कर देते हैं।

आत्मविश्वास की कमी के लक्षण

निम्न आकृति आत्मविश्वास की कमी के लक्षणों को दर्शाती है ...

खुद को कम आँकना कैसे बंद करें?

(i) अपनी उपलब्धियों की सूची बनाएं

छोटी-छोटी सफलताओं को भी लिखें। यह सूची आपको याद दिलाएगी कि आप सक्षम हैं।

(ii) अपनी ताकतों को पहचानें

हर व्यक्ति में कोई न कोई विशेषता होती है — जैसे संवाद कौशल, नेतृत्व क्षमता, रचनात्मक सोच, धैर्य आदि। अपनी विशेषताओं को स्वीकार करें।

(iii) नकारात्मक विचारों को चुनौती दें

जब मन कहे "मैं नहीं कर सकता", तो पूछें — "क्यों नहीं?" अक्सर पाएँगे कि यह केवल डर है, सच्चाई नहीं।

(iv) तुलना बंद करें

हर व्यक्ति की यात्रा अलग होती है। अपनी प्रगति की तुलना केवल अपने पिछले प्रदर्शन से करें।

(v) सीखने की मानसिकता अपनाएँ

गलतियाँ आपकी अक्षमता का प्रमाण नहीं, बल्कि सीखने का अवसर हैं।

(vi) सकारात्मक आत्म-संवाद (Self-talk) विकसित करें

अपने आप से वैसे ही बात करें जैसे आप अपने प्रिय मित्र से करते हैं — प्रोत्साहित करने वाले शब्दों में।

खुद पर विश्वास बढ़ाने के व्यावहारिक उपाय

- रोज़ दर्पण के सामने खड़े होकर सकारात्मक वाक्य बोलें —
  "मैं सक्षम हूँ।"
  "मैं सीख सकता/सकती हूँ।"
  "मैं अपने लक्ष्य प्राप्त कर सकता/सकती हूँ।"
- नए कार्यों में भाग लें, चाहे शुरुआत छोटी हो।
- अपनी प्रगति का रिकॉर्ड रखें।
- ऐसे लोगों के साथ समय बिताएँ जो आपका उत्साह बढ़ाते हैं।

याद रखें —

"आपकी सबसे बड़ी शक्ति आपके भीतर छिपी है, और उसे पहचानने की जिम्मेदारी भी आपकी ही है।"

दुनिया आपको वही मानती है, जैसा आप स्वयं को मानते हैं। यदि आप खुद को कम आँकेंगे, तो लोग भी आपकी क्षमता को गंभीरता से नहीं लेंगे। लेकिन जब आप स्वयं पर विश्वास करना शुरू कर देंगे, तो आपके व्यवहार, निर्णय और व्यक्तित्व में आत्मविश्वास स्वतः झलकने लगेगा।

इस अध्याय की विशेष गतिविधि (Action Step):

1. **'आलोचक का नामकरण':** अपने भीतर की उस नकारात्मक आवाज़ को कोई फनी (Funny) नाम दें (जैसे: 'गप्पू' या 'चिंता राम')। अगली बार जब वह आवाज़ कहे कि "तुमसे नहीं होगा," तो मुस्कुराकर कहें— "ठीक है गप्पू, तुम्हारी राय के लिए शुक्रिया, पर अब मुझे अपना काम करने दो।" जब आप अपने डर का मज़ाक उड़ाना सीख जाते हैं, तो वह आप पर हावी होना बंद कर देता है।
2. **'विचारों का कचरा' तकनीक:** एक कागज़ लें और उन सभी नकारात्मक बातों को लिखें जो आप अपने बारे में सोचते हैं (जैसे: मैं डरपोक हूँ, मैं मोटा हूँ, आदि)। अब उस कागज़ को फाड़कर डस्टबिन में डाल दें। यह संकेत है कि आप अपने पुराने स्वरूप को त्याग कर अपनी असली शक्ति को पहचान रहे हैं।

अध्याय का सार:

आप दुनिया के सबसे महत्वपूर्ण व्यक्ति हैं, कम से कम अपने लिए। अगर आप खुद अपनी टीम में नहीं होंगे, तो दुनिया आपकी टीम में क्यों शामिल होगी? खुद को कम आंकना बंद करें, क्योंकि आप उससे कहीं ज्यादा सक्षम हैं जितना आप सोचते हैं। अपनी गलतियों को स्वीकार करें, लेकिन अपनी क्षमताओं को भी सम्मान दें। याद रखें, आप अपूर्ण हो सकते हैं — परंतु अयोग्य नहीं। जब आप स्वयं को स्वीकार कर लेते हैं, तब आत्मविश्वास स्वाभाविक रूप से विकसित होने लगता है।

अध्याय 3
डर की जड़ें (The Roots of Fear)

(डर को कमजोरी नहीं, अपनी सीढ़ी बनाइए)

क्या आपने कभी सोचा है कि जब आप किसी मंच पर बोलने जाते हैं या किसी अजनबी से बात करने की कोशिश करते हैं, तो आपका गला क्यों सूख जाता है? आपके हाथ क्यों कांपते हैं? यह प्रतिक्रिया वैसी ही है जैसे हज़ारों साल पहले हमारे पूर्वज किसी जंगली जानवर को सामने देखकर महसूस करते थे। पर आज कोई शेर आपके सामने नहीं है, फिर भी आपका शरीर वैसा ही व्यवहार क्यों कर रहा है? अपनी शक्ति को पहचानंने के लिए आपको डर की जड़ों तक पहुँचना होगा।

अक्सर लोग मुझसे पूछते हैं, "मैडम, सफल लोगों को डर नहीं लगता क्या?" मेरा जवाब होता है— "डर सबको लगता है, बस सफल लोग डर के बावजूद कदम बढ़ाना जानते हैं।" अपनी शक्ति को पहचानने के लिए आपको यह समझना होगा कि डर आखिर पैदा कहाँ से होता है।

1. डर का मनोविज्ञान: सुरक्षा का भ्रम

हमारे दिमाग में एक छोटा सा हिस्सा होता है जिसे **अमिगडाला (Amygdala)** कहते हैं। इसका काम है खतरे को पहचानना। पुराने समय में यह हमें शिकारियों से बचाता था। आज, यह हमें सामाजिक खतरों (जैसे बेइज्जती या रिजेक्शन) से बचाने की कोशिश करता है।

- **सच्चाई:** डर सिर्फ एक 'अलार्म' है, 'आदेश' नहीं। जब अलार्म बजे, तो इसका मतलब यह नहीं कि खतरा असली है; इसका मतलब सिर्फ यह है कि आप अपने कम्फर्ट ज़ोन से बाहर निकल रहे हैं।

आदिम काल में, डर इंसान को जंगली जानवरों से बचाने के लिए ज़रूरी था। आज शेर तो नहीं हैं, लेकिन हमारा दिमाग 'अजनबी लोगों के सामने बोलने' या 'नया बिजनेस शुरू करने' को उसी पुराने खतरे की तरह देखता है। सच्चाई

यह है कि आपका डर आपको सुरक्षित रखना चाहता है, लेकिन वह आपको आगे बढ़ने से रोक देता है।

2. 'लोग क्या कहेंगे'—दुनिया का सबसे बड़ा रोग

ज्यादातर लोग डरते इसलिए हैं क्योंकि वे अपनी कीमत दूसरों की नज़रों में ढूंढते हैं। हमें डर लगता है कि अगर हम फेल हो गए, तो लोग हँसेंगे।

एक कड़वा सच: 90% आत्मविश्वास की कमी का कारण यह डर है कि दूसरे हमारे बारे में क्या राय बनाएंगे। लेकिन हकीकत यह है कि लोग आपके बारे में उतना नहीं सोचते जितना आप कल्पना करते हैं। हर कोई अपनी ही रोटी और अपनी ही समस्याओं में उलझा हुआ है। जब आप यह समझ लेते हैं, तो आप आज़ाद हो जाते हैं। आपके बारे में किसी की राय चंद सेकंड से ज्यादा नहीं टिकती। तो फिर उस चंद सेकंड की राय के लिए अपनी पूरी ज़िंदगी का आत्मविश्वास क्यों दांव पर लगाना?

इस सामाजिक दबाव को नजरअंदाज करने के कारणों का विवरण निम्न आकृति में दिया गया है:

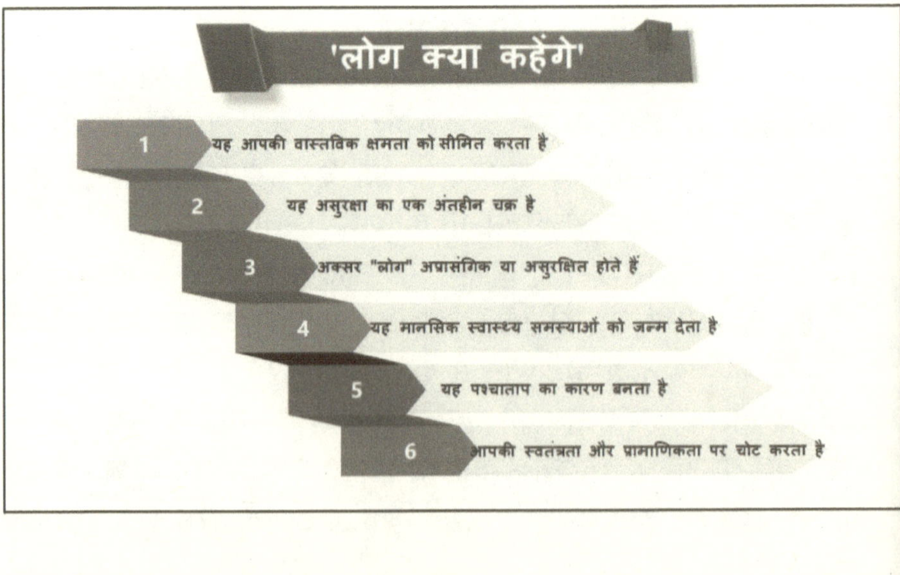

3. 'अज्ञात' का डर (Fear of the Unknown)

अंधेरे कमरे से डर इसलिए लगता है क्योंकि हमें पता नहीं कि वहां क्या है। जैसे ही हम लाइट जलाते हैं, डर गायब हो जाता है। आत्मविश्वास के मामले में 'ज्ञान' और 'तैयारी' ही वह लाइट है। अगर आपको किसी इंटरव्यू से डर लग रहा है, तो इसका मतलब है कि आपको थोड़ी और तैयारी की ज़रूरत है। तैयारी डर को खत्म नहीं करती, लेकिन उसे संभालना (Handle) आसान बना देती है। ज्ञान और तैयारी डर की सबसे बड़ी दवा है।

इस भय पर काबू पाने के लिए, जो अक्सर चिंता, घबराहट और बचाव का कारण बनता है, कुछ समाधान इस प्रकार हैं :-

- ✓ **वर्तमान में जीना:** भविष्य की अनिश्चितता के बजाय वर्तमान पर ध्यान केंद्रित करें।
- ✓ **सांस के व्यायाम:** प्राणायाम और गहरी सांस लेने से मन शांत होता है और डर कम होता है।
- ✓ **अनिश्चितता को अपनाना:** यह समझें कि अनिश्चितता जीवन का हिस्सा है और हर अनिश्चितता का परिणाम बुरा नहीं होता।
- ✓ **कम्फर्ट जोन से बाहर निकलना:** छोटे-छोटे जोखिम लेकर अज्ञात से परिचय बढ़ाएं।
- ✓ **सहायता लेना:** जरूरत पड़ने पर थैरेपी या परामर्श (counseling) लें।

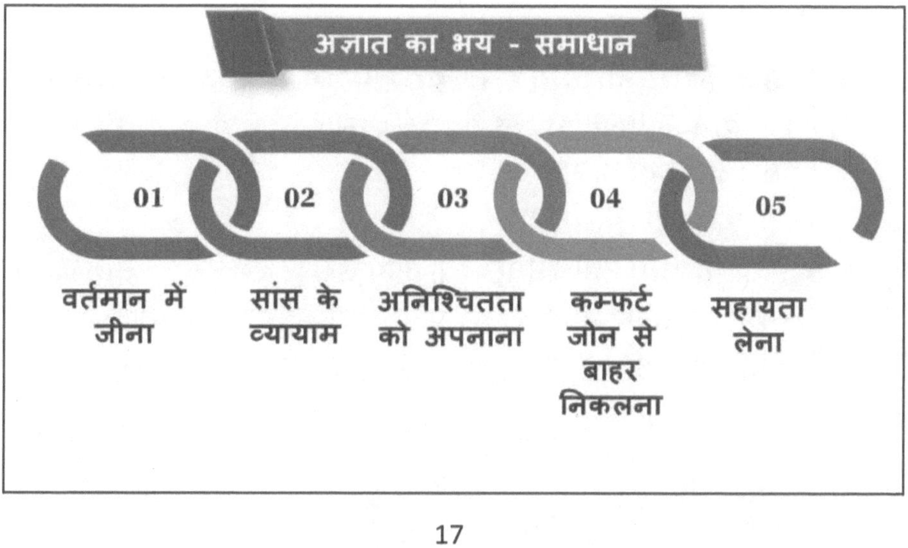

अज्ञात का भय एक सामान्य मानवीय भावना है, लेकिन इसे समझदारी और मानसिक मजबूती से कम किया जा सकता है।

4. डर का सामना करने का '5-सेकंड नियम'

जब भी आपको किसी काम को करने में हिचकिचाहट हो, तो 5 से 1 तक उल्टी गिनती गिनें (5-4-3-2-1) और बिना सोचे वह काम कर दें। यह आपके दिमाग को डर के तर्क देने का समय ही नहीं देता।

अगली बार जब आप घबराएं, तो यह न क़हें कि "मैं डरा हुआ हूँ।" इसकी जगह कहें— **"मैं उत्साहित (Excited) हूँ।"** वैज्ञानिक रूप से, 'डर' और 'उत्साह' के दौरान शरीर में एक जैसी ही प्रक्रिया होती है (दिल की धड़कन बढ़ना, सांसें तेज़ होना)। बस आपका दिमाग उसे 'डर' का नाम दे देता है। जैसे ही आप इसे 'उत्साह' कहते हैं, आपकी घबराहट शक्ति में बदल जाती है।

इस अध्याय की विशेष गतिविधि (Action Step):

1. **'डर का सामना' लिस्ट:** एक लिस्ट बनाइए उन 3 छोटे कामों की जिनसे आपको डर लगता है (जैसे: किसी अनजान व्यक्ति से बात करना, मीटिंग में सवाल पूछना, या अकेले रेस्टोरेंट जाना)। अगले 3 दिनों में इनमें से एक-एक काम को पूरा करें।

2. **'सबसे बुरा क्या होगा?' (Worst-Case Scenario Technique):** जिस काम से आप डर रहे हैं, उसके बारे में सोचें और खुद से पूछें— "सबसे बुरा क्या हो सकता है?"
   - शायद लोग हँसेंगे?
   - शायद काम नहीं बनेगा? क्या आप उस 'सबसे बुरे' के साथ जी सकते हैं? ज़्यादातर मामलों में जवाब 'हाँ' होगा। जब आप सबसे बुरे परिणाम को स्वीकार कर लेते हैं, तो डर की पकड़ ढीली हो जाती है।

नोट: जब आप छोटे डरों को हराते हैं, तो बड़े डर अपने आप छोटे लगने लगते हैं।

निष्कर्ष (Conclusion):

"डर एक कोहरे (Fog) की तरह है—दिखने में बहुत घना लगता है, लेकिन जैसे ही आप उसमें कदम रखते हैं, वह रास्ता साफ कर देता है।" डर एक

संकेत है कि आप कुछ नया करने की कोशिश कर रहे हैं। जिस दिन आपके जीवन से डर पूरी तरह खत्म हो जाएगा, समझ लीजिए कि आपने आगे बढ़ना बंद कर दिया है। डर के साथ आगे बढ़ना ही असली आत्मविश्वास है।

अध्याय 4
सकारात्मक आत्म-चर्चा
(Positive Self-Talk)

(अपने आप से बात करने का सही तरीका)

क्या आपने कभी गौर किया है कि आप चौबीसों घंटे किसके साथ रहते हैं? न अपने माता-पिता, न अपने दोस्त—आप सबसे ज्यादा समय **अपने आप** के साथ बिताते हैं। वैज्ञानिक शोध बताते हैं कि एक औसत इंसान के दिमाग में हर दिन लगभग 60,000 से 80,000 विचार आते हैं। इनमें से एक बड़ा हिस्सा वह 'संवाद' है जो हम खुद से करते हैं। इसे **'सेल्फ-टॉक'** कहते हैं। अगर यह संवाद नकारात्मक है, तो आप दुनिया के सबसे सफल व्यक्ति होकर भी अंदर से खोखला महसूस करेंगे। लेकिन अगर यह संवाद सकारात्मक है, तो आप पहाड़ भी हिला सकते हैं।

आत्मविश्वास का सबसे गहरा संबंध हमारे **भीतर चलने वाली बातचीत** से है। हम दिन भर अपने मन में स्वयं से बात करते रहते हैं। यही आंतरिक संवाद (Self-talk) हमारे विचारों, भावनाओं और व्यवहार को दिशा देता है। यदि यह संवाद नकारात्मक हो — "मैं असफल हूँ", "मुझसे नहीं होगा", "मैं पर्याप्त अच्छा नहीं हूँ" — तो आत्मविश्वास कमजोर हो जाता है। लेकिन यदि यही संवाद सकारात्मक हो — "मैं प्रयास कर सकता हूँ", "मैं सीख रहा हूँ", "मैं हर दिन बेहतर बन रहा हूँ" — तो आत्मविश्वास मजबूत होता है। इसलिए **सकारात्मक आत्म-संवाद** आत्मविश्वास बढ़ाने का अत्यंत प्रभावी साधन है।

सकारात्मक आत्म-संवाद का अर्थ है — अपने आप से प्रोत्साहन, विश्वास और आशा से भरे शब्दों में बात करना। यह स्वयं को धोखा देना नहीं है, बल्कि अपनी वास्तविक क्षमता को पहचानते हुए स्वयं को प्रेरित करना है। यह मन को नकारात्मकता से हटाकर समाधान और संभावनाओं की ओर ले जाता है। सोचिए, अगर आपका कोई दोस्त आपसे वैसे ही बात करे जैसे आप खुद से करते हैं ("तू बुद्धू है," "तुझसे कुछ नहीं होगा"), तो क्या आप उसे अपना

दोस्त बनाए रखेंगे? शायद नहीं। तो फिर आप खुद के साथ इतने कठोर क्यों हैं?

नकारात्मक बनाम सकारात्मक आत्म-संवाद

नकारात्मक सोच	**सकारात्मक आत्म-संवाद**
मैं यह नहीं कर सकता	मैं कोशिश कर सकता हूँ
मैं हमेशा असफल रहता हूँ	मैं हर अनुभव से सीख रहा हूँ
लोग मुझे पसंद नहीं करते	हर कोई मुझे पसंद करे, यह जरूरी नहीं
मुझमें कोई खास बात नहीं	मुझमें कई विशेषताएँ हैं

छोटा सा शब्द परिवर्तन भी मानसिक स्थिति को बदल सकता है।

1. **शब्दों की जादुई शक्ति (The Power of Words)**

हमारे शब्द हमारे भविष्य का कच्चा माल (Raw material) हैं। हमारे शब्द हमारे भविष्य का निर्माण करते हैं। जब आप बार-बार कहते हैं, "मुझसे नहीं होगा," तो आपका अवचेतन मन (Subconscious Mind) उसे एक आदेश मान लेता है। वह आपके शरीर की ऊर्जा को कम कर देता है ताकि आप उस काम को करने की कोशिश ही न करें। इसके विपरीत, जब आप कहते हैं, "यह चुनौतीपूर्ण है, लेकिन मैं इसे सीख सकता हूँ," तो आपका दिमाग समाधान खोजने के मोड में आ जाता है।

जब आप कहते हैं, "मैं घबरा रहा हूँ," तो आपका दिमाग शरीर को तनाव के सिग्नल भेजता है। लेकिन जब आप कहते हैं, "मैं उत्साहित (Excited) हूँ," तो वही घबराहट ऊर्जा में बदल जाती है।

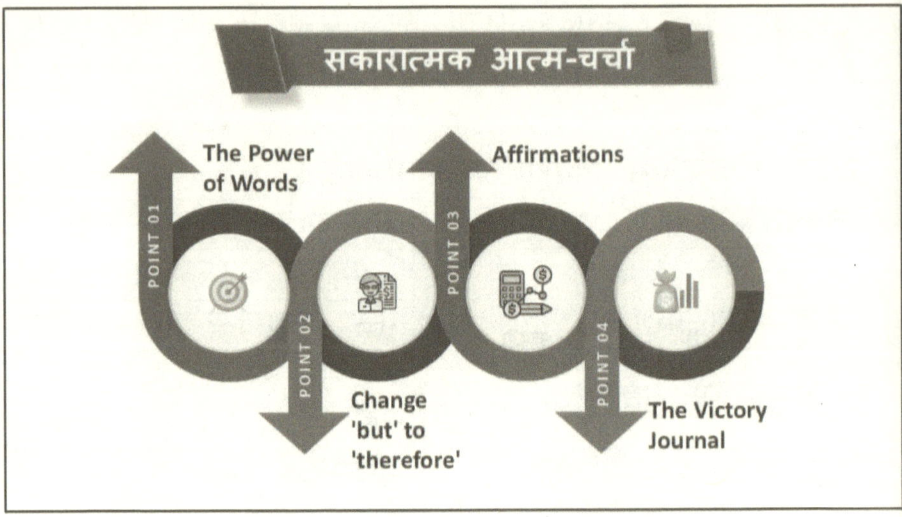

2. 'लेकिन' को 'इसलिए' में बदलें

अक्सर हम अपनी शक्ति को एक छोटे से शब्द 'लेकिन' से मार देते हैं।

- "मैं सफल होना चाहता हूँ, **लेकिन** मेरे पास संसाधन नहीं हैं।"
- "मैं स्टेज पर जाना चाहता हूँ, **लेकिन** मुझे डर लगता है।"

अपनी शक्ति पहचानने के लिए इस वाक्य को उलट दीजिए:

- "मेरे पास संसाधन नहीं हैं, **इसलिए** मुझे सफल होना ही होगा।"
- "मुझे डर लगता है, **इसलिए** मुझे स्टेज पर जाना होगा ताकि मेरा डर मर जाए।"

अपनी भाषा में एक छोटा सा बदलाव आपकी शक्ति को जगा सकता है:

- **गलत:** "मुझे यह काम करना है, **लेकिन** मुझे डर लग रहा है।"
- **सही:** "मुझे डर लग रहा है, **इसलिए** मुझे यह काम करना है ताकि मेरा डर खत्म हो सके।"

3. अफर्मेशन्स (Affirmations): दिमाग की री-प्रोग्रामिंग

जैसे आप शरीर को मज़बूत बनाने के लिए जिम जाते हैं, वैसे ही दिमाग को मज़बूत बनाने के लिए 'अफर्मेशन्स' की ज़रूरत होती है। ये वो शक्तिशाली वाक्य हैं जो आपके पुराने और नकारात्मक विचारों को उखाड़ फेंकते हैं।

सकारात्मक वाक्य या 'अफर्मेशन्स' जादू की तरह काम करते हैं। ये झूठ नहीं हैं, बल्कि यह उस सच को याद दिलाना है जिसे आप भूल गए हैं।

- "मैं हर चुनौती से बड़ा हूँ।"
- "मेरी आवाज़ में शक्ति है और लोग मुझे सुनना पसंद करते हैं।"
- "गलतियां मेरा अंत नहीं, मेरा अनुभव हैं।"
- "मैं अपनी शक्तियों को पहचान रहा हूँ।"
- "हर दिन मैं और अधिक आत्मविश्वासी बन रहा हूँ।"
- "चुनौतियां मुझे मज़बूत बनाती हैं।"

4. अपनी जीत का जर्नल (The Victory Journal)

हमारा दिमाग नकारात्मक अनुभवों को बहुत जल्दी पकड़ता है (इसे 'Negativity Bias' कहते हैं)। अगर 10 लोग आपकी तारीफ करें और 1 आपकी बुराई, तो आप रात भर उस 1 बुराई के बारे में सोचेंगे। इसकी काट है—**विक्ट्री जर्नल**। हर रात अपनी डायरी में अपनी 3 छोटी उपलब्धियां लिखें। चाहे वह समय पर उठना हो, माता पिता की घर के कामों में मदद करना या किसी और की मदद करना। जब भी आत्मविश्वास कम लगे, इस जर्नल को पढ़ें। जब आप इसे लगातार करते हैं, तो आपका दिमाग धीरे-धीरे 'सफलता' देखने का आदी हो जाता है। हम अपनी गलतियों को तो याद रखते हैं, पर अपनी जीत को भूल जाते हैं।

इस अध्याय की विशेष गतिविधि (Action Step):

1. **'Mirror Talk' (आईने से गुफ़्तगू):** रोज सुबह आईने के सामने खड़े हों, अपनी आँखों में देखें और मुस्कराते हुए कहें: **"आज का दिन मेरा है और मुझे खुद पर पूरा भरोसा है।"** शुरुआत में यह अजीब लग सकता है, लेकिन यह आपके अवचेतन मन (Subconscious Mind) को बदलने का सबसे तेज़ तरीका है।
2. **'विचारों की अदला-बदली' (The Swap Technique):** एक कागज़ के दो हिस्से करें। बाएं हिस्से में वे 3 बातें लिखें जो आप अक्सर खुद के बारे में नकारात्मक कहते हैं (जैसे: "मैं बहुत आलसी हूँ")। दाएं हिस्से में उसका सकारात्मक विकल्प लिखें (जैसे: "मैं अपनी ऊर्जा को सही दिशा में लगाना सीख रहा हूँ")। अगले 21 दिनों तक जब भी पुराना विचार आए, तुरंत नए विचार को दोहराएं।

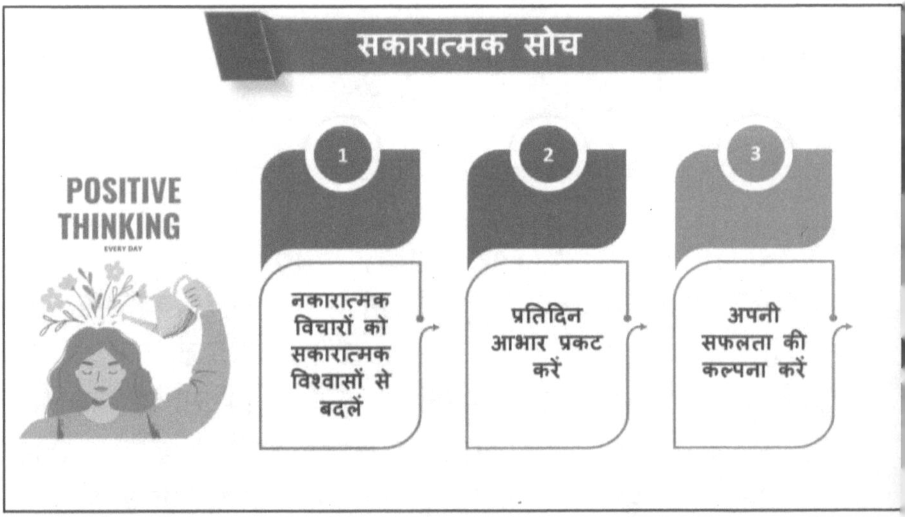

ध्यान रखने योग्य बातें

- सकारात्मक आत्म-संवाद का अर्थ वास्तविकता से भागना नहीं है।
- यह अपनी कमजोरियों को नकारना नहीं, बल्कि उन्हें सुधारने की शक्ति विकसित करना है।
- यह लगातार अभ्यास से विकसित होता है, एक दिन में नहीं।

अध्याय का सार (Conclusion):

सकारात्मक आत्म-संवाद आत्मविश्वास की नींव को मजबूत करता है। "Self-talk" का मतलब पागलपन नहीं, बल्कि अपनी मानसिक सेहत का ख्याल रखना है। थोड़ा सा हास्य (Humor) जोड़ें कि "अगर हम खुद के सबसे अच्छे वकील नहीं बनेंगे, तो दुनिया हमारी जज बनने के लिए तैयार बैठी है।"

आप खुद के सबसे बड़े समर्थक (Cheerleader) बनिए। अगर आप खुद का सम्मान नहीं करेंगे, तो दुनिया से इसकी उम्मीद करना बेकार है। आपकी आवाज़ ही आपकी सबसे बड़ी शक्ति है—इसे सही दिशा दें।

अध्याय 5
विद्यार्थियों के लिए आत्मविश्वास

विद्यार्थी जीवन मनुष्य के जीवन का सबसे महत्वपूर्ण चरण होता है। यही वह समय है जब व्यक्ति अपने भविष्य की नींव रखता है। इस अवधि में पढ़ाई, प्रतियोगिता, परीक्षा, सामाजिक अपेक्षाएँ और आत्म-खोज—सब कुछ एक साथ चलता है। ऐसे में आत्मविश्वास विद्यार्थियों के लिए केवल एक गुण नहीं, बल्कि सफलता की अनिवार्य शर्त है। आत्मविश्वास ही विद्यार्थी को डर, असफलता और दबाव से ऊपर उठकर अपने लक्ष्य की ओर अग्रसर होने की शक्ति देता है। विद्यार्थियों के जीवन में इन सबका सामना आत्मविश्वास से किया जा सकता है - परीक्षा का डर, मंच पर बोलने का संकोच और प्रतियोगिता का दबाव।

1. विद्यार्थी जीवन में आत्मविश्वास का महत्व

(i) शैक्षणिक सफलता : आत्मविश्वासी विद्यार्थी कठिन विषयों से घबराता नहीं। वह यह मानता है कि निरंतर प्रयास से वह विषय को समझ सकता है।

(ii) परीक्षा का सामना : परीक्षा के समय घबराहट सामान्य है, लेकिन आत्मविश्वास उस घबराहट को नियंत्रित करता है।

(iii) मंच पर बोलने का साहस : भाषण, प्रस्तुति या प्रतियोगिता में भाग लेने के लिए आत्मविश्वास आवश्यक है।

(iv) निर्णय लेने की क्षमता : कैरियर चयन, विषय चयन या प्रतियोगिता की तैयारी—इन सब में आत्मविश्वास महत्वपूर्ण भूमिका निभाता है।

2. विद्यार्थियों में आत्मविश्वास की कमी के कारण

- बार-बार तुलना (दूसरे छात्रों से)
- परीक्षा में कम अंक
- शिक्षकों या अभिभावकों की कठोर आलोचना
- असफलता का भय

- सामाजिक दबाव
- स्वयं की क्षमताओं को कम आंकना

जब विद्यार्थी अपनी तुलना दूसरों से करता है, तो वह अपनी विशिष्टता भूल जाता है।

3. परीक्षा के दौरान आत्मविश्वास

परीक्षा केवल ज्ञान की नहीं, बल्कि मानसिक स्थिरता की भी परीक्षा होती है। आत्मविश्वास परीक्षा में सफलता की कुंजी है क्योंकि यह ध्यान और एकाग्रता को बनाए रखता है। *परीक्षा से पहले* और *परीक्षा के समय* का आत्मविश्वास नीचे दी हुई आकृति से स्पष्ट हो जाता है :

परीक्षा के दौरान आत्मविश्वास

---परीक्षा से पहले:---

01 नियमित पुनरावृत्ति

02 समय प्रबंधन

03 पर्याप्त नींद

04 सकारात्मक सोच

---परीक्षा के समय:---

01 प्रश्नपत्र को ध्यान से पढ़ें

02 पहले आसान प्रश्न हल करें

03 समय का संतुलन बनाए रखें

4. आत्मविश्वास और प्रतियोगिता

आज का युग प्रतिस्पर्धा का युग है। प्रतियोगिता से डरने के बजाय उसे अवसर समझना चाहिए।

आत्मविश्वासी विद्यार्थी: दूसरों की सफलता से प्रेरणा लेते हैं, अपनी कमजोरियों पर काम करते हैं और असफलता से सीखते हैं।

5. आत्मविश्वास और व्यक्तित्व विकास

विद्यालय और महाविद्यालय केवल शिक्षा के केंद्र नहीं, बल्कि व्यक्तित्व विकास के मंच हैं। विद्यार्थी को चाहिए कि वह:

- वाद-विवाद प्रतियोगिता में भाग ले
- सांस्कृतिक कार्यक्रमों में शामिल हो
- खेलकूद में भागीदारी करे
- समूह चर्चा में सक्रिय रहे

इन गतिविधियों से आत्मविश्वास स्वाभाविक रूप से बढ़ता है।

6. आत्मविश्वास बढ़ाने के व्यावहारिक उपाय

(i) लक्ष्य निर्धारित करें: छोटे-छोटे लक्ष्य बनाकर उन्हें पूरा करें।

(ii) तैयारी पर ध्यान दें: तैयारी आत्मविश्वास की जड़ है।

(iii) सकारात्मक आत्म-संवाद : प्रतिदिन स्वयं से कहें:

"मैं यह कर सकता हूँ।"

"मैं हर दिन बेहतर हो रहा हूँ।"

(iv) असफलता को स्वीकार करें :असफलता अंत नहीं है, बल्कि सुधार का अवसर है।

(v) सही मित्रों का चयन: सकारात्मक और प्रेरणादायक मित्र आत्मविश्वास को बढ़ाते हैं।

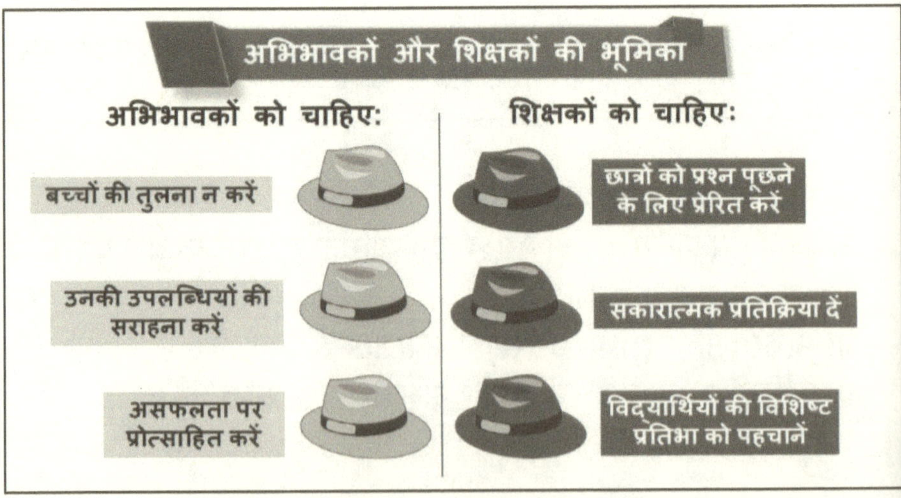

7. अभिभावकों और शिक्षकों की भूमिका

विद्यार्थियों के आत्मविश्वास के निर्माण में परिवार और शिक्षक की भूमिका अत्यंत महत्वपूर्ण होती है। **अभिभावकों** और **शिक्षकों को** क्या चाहिए: ऊपर दी हुई आकृति से यह स्पष्ट हो जाता है।

8. डिजिटल युग और आत्मविश्वास

सोशल मीडिया के कारण विद्यार्थी अक्सर दूसरों से तुलना करने लगते हैं। यह आत्मविश्वास को कम कर सकता है। विद्यार्थियों को चाहिए कि:

- अपनी वास्तविक प्रगति पर ध्यान दें
- सोशल मीडिया को सीमित समय दें
- वास्तविक जीवन के कौशल विकसित करें

9. आत्मविश्वास और मानसिक संतुलन

जब विद्यार्थी आत्मविश्वासी होता है:

- वह तनाव को बेहतर ढंग से संभालता है
- परीक्षा का भय कम होता है
- भविष्य को लेकर आशावादी रहता है

आत्मविश्वास मानसिक मजबूती का आधार है।

10. प्रेरणादायक दृष्टिकोण

हर सफल व्यक्ति कभी न कभी विद्यार्थी रहा है। सफलता का अंतर केवल एक बात में होता है — स्वयं पर विश्वास। यदि विद्यार्थी यह समझ लें कि:

- हर व्यक्ति की गति अलग होती है
- हर असफलता एक सीख है
- निरंतर प्रयास सफलता की कुंजी है

तो उनका आत्मविश्वास स्थायी रूप से विकसित हो सकता है।

11. दैनिक आत्मविश्वास अभ्यास (विद्यार्थियों के लिए)

- ➢ प्रतिदिन 30 मिनट अतिरिक्त अभ्यास

- दिन की 3 सफलताओं को लिखें
- सप्ताह में एक बार मंच पर बोलने का अभ्यास
- हर महीने एक नया कौशल सीखें
- अपने लक्ष्य को दीवार पर लिखकर लगाएँ

निष्कर्ष

विद्यार्थी जीवन में आत्मविश्वास एक दीपक की तरह है, जो अंधेरे में भी मार्ग दिखाता है। ज्ञान, परिश्रम और अनुशासन के साथ यदि आत्मविश्वास जुड़ जाए, तो सफलता निश्चित हो जाती है।

विद्यार्थियों के लिए एक संदेश

- डर को अपने सपनों के रास्ते में मत आने दें।
- स्वयं पर विश्वास रखें।
- हर दिन थोड़ा बेहतर बनने का प्रयास करें।

याद रखें —

- आपमें असीम संभावनाएँ हैं।
- सिर्फ विश्वास कीजिए, और आगे बढ़ते रहिए।

अध्याय 6
विज़ुअलाइजेशन का जादू
(The Magic of Visualization)

(सफलता को पाने से पहले उसे देखना सीखें)

एक प्रसिद्ध कहावत है— *"प्रार्थना वह है जब आप भगवान से बात करते हैं, और विज़ुअलाइजेशन वह है जब आप भगवान को बताते हैं कि आप क्या बनना चाहते हैं।"* दुनिया के महानतम मुक्केबाज मुहम्मद अली अपनी फाइट से पहले ही अपनी जीत की कल्पना कर लेते थे। वे न सिर्फ यह देखते थे कि वे जीत रहे हैं, बल्कि वे उस पसीने की गंध, दर्शकों का शोर और रेफरी का हाथ उठाना तक महसूस करते थे। इसे 'मानसिक पूर्वाभ्यास' (Mental Rehearsal) कहते हैं। जब तक वे रिंग में उतरते थे, उनका दिमाग उस जीत को पहले ही सैकड़ों बार जी चुका होता था।

एक और प्रसिद्ध कहावत है— *"अगर आप इसे अपने दिमाग में देख सकते हैं, तो आप इसे अपने हाथ में भी पकड़ सकते हैं।"* हमारा मस्तिष्क (Brain) असलियत और कल्पना के बीच के अंतर को नहीं समझता। जब आप किसी डरावनी फिल्म के बारे में सोचते हैं, तो आपके हाथ कांपने लगते हैं, भले ही वहां कोई भूत न हो। इसी तरह, जब आप अपनी सफलता की कल्पना करते हैं, तो आपका दिमाग उसे सच मानने लगता है और आपको वैसा ही आत्मविश्वास देने लगता है। विज़ुअलाइज़ेशन एक मानसिक तकनीक है जिसमें आप स्वयं को किसी विशेष स्थिति में कल्पना करते हैं ताकि आप वास्तविक जीवन में उस स्थिति तक पहुँच सकें। यह चिंता कम करने, अपने लक्ष्यों को प्राप्त करने की दिशा में प्रगति करने और मानसिक स्पष्टता प्राप्त करने में मदद करता है ताकि आप एक समझदार निर्णय लेने वाले बन सकें।

यहाँ एक उदाहरण है: एक व्यक्ति जो अपनी जीवन स्थिति बदलना चाहता है और इस प्रकार से व्यक्त करता है :-

"मैं भारत के किसी महानगर में एक अच्छे घर में रहना चाहता हूँ।"

यह उतना स्पष्ट नहीं है क्योंकि यह एक स्मार्ट लक्ष्य नहीं है, इसलिए इसके लिए आप शायद ही कोई ठोस प्रयास करेंगे। परन्तु अगर इस प्रकार से व्यक्त किया जाए :-

"मैं दो साल में दक्षिण दिल्ली में एक अच्छे तीन बेडरूम वाले घर में रहना चाहता हूँ। इसकी अनुमानित कीमत 50 मिलियन रुपये होगी। मेरी आर्थिक स्थिति ऐसी है कि मुझे 20 मिलियन रुपये और जुटाने होंगे। इसे हासिल करने के लिए मुझे तीन सबसे महत्वपूर्ण चीजें करनी होंगी: अपनी आय बढ़ाना, अपने खर्चों को कम करना और घर खरीदने के लिए ऋण के विकल्पों की तलाश शुरू करना। मैं सोमवार से सबसे पहले घर खरीदने के लिए ऋण के विकल्पों की तलाश शुरू करूँगा।"

यह कहीं अधिक उपयोगी है। इसमें पहले से ही कार्रवाई के चरण शामिल हैं। इसमें एक जटिल विज़ुअलाइजेशन निरूपण है, जिसका अर्थ है कि लक्ष्य को प्राप्त करने के लिए आवश्यक कदमों की कल्पना करने के कई चरण हैं।

1. आपका दिमाग एक सिम्युलेटर है (मन का पूर्वाभ्यास)

जैसे पायलट विमान उड़ाने से पहले 'फ्लाइट सिम्युलेटर' पर अभ्यास करते हैं, वैसे ही आप अपने जीवन की बड़ी चुनौतियों के लिए अपने दिमाग का इस्तेमाल कर सकते हैं। जब आप किसी काम को सफलतापूर्वक करते हुए विज़ुअलाइज़ करते हैं, तो आपके मस्तिष्क में वही 'न्यूरल पाथवे' (Neural Pathways) बनते हैं जो वास्तव में उस काम को करने पर बनते।

- **शक्ति का सूत्र:** अगर आपका दिमाग उसे देख सकता है, तो आपका शरीर उसे कर सकता है।

जिस तरह एक अभिनेता स्टेज पर जाने से पहले रिहर्सल करता है, उसी तरह आपको अपनी शक्ति का 'मानसिक अभ्यास' करना चाहिए। अगर आपको

किसी इंटरव्यू में जाना है, तो आँखें बंद करके देखें कि आप कमरे में कैसे दाखिल हो रहे हैं, कैसे हाथ मिला रहे हैं और कितनी शांति से जवाब दे रहे हैं।

खुद को काम करते और जीतते हुए कल्पना करें

इस पहली कल्पना तकनीक में, अपने लक्ष्य को प्राप्त करने के लिए आवश्यक कार्यों को करते हुए और सफल होते हुए खुद की कल्पना करना शामिल है। तो, अगर आप 2 साल में अपना नया घर चाहते हैं, तो आप रास्ते में आने वाली सफलताओं के बारे में सोच सकते हैं - जैसे कि कोई योग्यता हासिल करना, नई नौकरी पाना या डाउन पेमेंट जमा करना।

फिर, अपने नए घर की चाबियां मिलने पर और अपने परिवार के साथ अंगीठी के सामने आराम करते हुए आपको जो खुशी महसूस होगी, उसके बारे में सोचें। जीत का वह एहसास आनंददायक होता है - लेकिन सिर्फ कुछ पलों के लिए। आपको अपनी मानसिक छवि को यथासंभव यथार्थवादी बनाने का प्रयास करना चाहिए, जिसमें सभी विवरण शामिल हों। उदाहरण के लिए, अगर आपका कोई फिटनेस लक्ष्य है, तो खुद को जिम जाते और कोई खास वर्कआउट करते हुए कल्पना करें। न केवल अपने इच्छित शारीरिक कार्यों को पूरा करने की कल्पना करें, बल्कि उसके बाद उपलब्धि और एंडोर्फिन के उच्च स्तर का अनुभव करने की भी कल्पना करें।

2. सकारात्मक कथनों का प्रयोग करें (Use affirmations)

दूसरी विज़ुअलाइज़ेशन विधि है सकारात्मक कथनों का प्रयोग करना। सकारात्मक कथन वे सकारात्मक वाक्य होते हैं जिन्हें आप बार-बार दोहराते हैं। ये आपके मन को सफलता के लिए तैयार करने में मदद करते हैं और नियमित रूप से तथा विज़ुअलाइज़ेशन के साथ प्रयोग करने पर बहुत प्रभावी हो सकते हैं। ये पहली तकनीक से अलग हैं क्योंकि ये भविष्य के बजाय वर्तमान पर केंद्रित होते हैं। इनमें आप स्वयं को, अपनी भावनाओं को और अपनी क्षमताओं को व्यक्त करते हैं। ये आपको एक सक्षम, अनुशासित व्यक्ति

की मानसिकता में आने में मदद करते हैं जो वास्तव में कार्यों को पूरा करने के लिए प्रेरित होता है।

आपको ऐसे सकारात्मक कथन चुनने चाहिए जो आपके लक्ष्य से संबंधित हों और यह सुनिश्चित करें कि वे आपको विश्वसनीय लगें। उदाहरण के लिए, यदि आप बेहतर स्वास्थ्य चाहते हैं, तो एक सकारात्मक कथन यह हो सकता है, "मैं अब एक स्वस्थ व्यक्ति हूँ जो हर दिन स्वस्थ तरीके से खाता, व्यायाम करता और सोता है।" अपने सकारात्मक कथनों को ज़ोर से और भावना के साथ कहना सबसे अच्छा है। आप चाहें तो इन्हें लिखकर अपने साथ रख सकते हैं ताकि आपको याद रहे। आप चाहें तो इन्हें रिकॉर्ड करके सोते समय सुन भी सकते हैं।

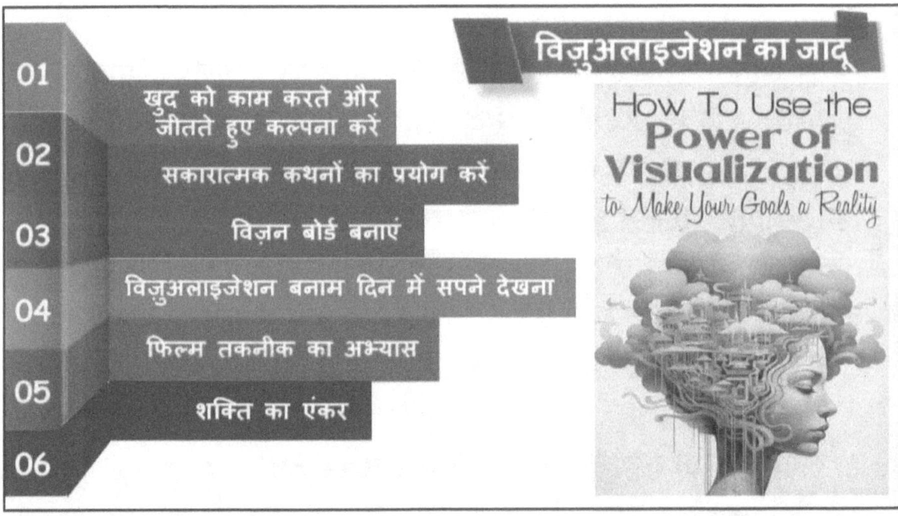

3. विज़न बोर्ड बनाएं

तीसरा शक्तिशाली विज़ुअलाइज़ेशन अभ्यास है विज़न बोर्ड बनाना। विज़न बोर्ड सरल शब्दों में विज़ुअल तत्वों, फ़ोटो और शब्दों का एक संग्रह है जो आपके लक्ष्यों और सपनों को दर्शाता है। अपने विज़न बोर्ड पर एक नज़र डालने मात्र से ही आपकी कल्पना शक्ति जागृत होगी और आपको कार्रवाई करने की प्रेरणा मिलेगी।

यदि आप एक सुंदर घर चाहते हैं, तो उसका दृश्य प्रतिनिधित्व खोजना आसान होना चाहिए - घर से लेकर उसकी सजावट और आसपास के वातावरण तक। इस पर एक नज़र डालने से आपको याद आ जाएगा कि आप किस चीज़ के लिए प्रयास कर रहे हैं। अपने विज़न बोर्ड को ऐसी जगह लगाएं जहां से आप हर दिन गुजरते हों, जैसे कि अपने घर के ड्राइंग रूम में या अपने बेडरूम के दरवाजे के पीछे।

4. विज़ुअलाइजेशन बनाम दिन में सपने देखना (Daydreaming)
दिन में सपने देखने और विज़ुअलाइजेशन में एक बड़ा अंतर है। सपने देखना निष्क्रिय है, लेकिन विज़ुअलाइजेशन सक्रिय और विस्तृत (Detailed) होता है।

- **सपने देखना:** "काश मेरे पास बहुत पैसा होता और मैं स्टेज पर बोल पाता।"
- **विज़ुअलाइजेशन:** आप अपनी आँखें बंद करते हैं। आप महसूस करते हैं कि आपके हाथ में माइक है। आप देखते हैं कि आपके सामने 500 लोग बैठे हैं। आप अपनी आवाज़ की गूँज सुनते हैं। आप अपनी हथेलियों की गर्माहट महसूस करते हैं।

विज़ुअलाइजेशन केवल 'सोचना' नहीं है, इसे 'महसूस' करना है। जब आप खुद को आत्मविश्वासी देखते हैं, तो गौर करें: आपने क्या पहना है? आपके चेहरे पर कैसी मुस्कान है? आसपास के लोग आपको कैसे देख रहे हैं? आप कैसा महसूस कर रहे हैं? जितनी गहराई से आप इसे देखेंगे, यह उतना ही प्रभावी होगा।

5. 'Movie Technique' का अभ्यास
कल्पना कीजिए कि आपके दिमाग में एक बड़ी सिनेमा स्क्रीन है। आप उस फिल्म के डायरेक्टर भी हैं और हीरो भी। अपने दिमाग में एक छोटी फिल्म चलाएं जहाँ आप 'हीरो' हैं। इस फिल्म में आप हर उस बाधा को पार कर रहे

हैं जिससे आपको डर लगता है। जब आप मानसिक रूप से जीत जाते हैं, तो असल जिंदगी का डर आधा रह जाता है।

1. **शांति चुनें:** कहीं शांत बैठ जाएं और आँखें बंद करें।
2. **लक्ष्य चुनें:** किसी ऐसी घटना को चुनें जहाँ आप आत्मविश्वास की कमी महसूस करते हैं (जैसे कोई प्रेजेंटेशन या इंटरव्यू)।
3. **सफल अंत देखें:** खुद को मुस्कुराते हुए, स्पष्ट बोलते हुए और अंत में लोगों को तालियाँ बजाते हुए देखें।

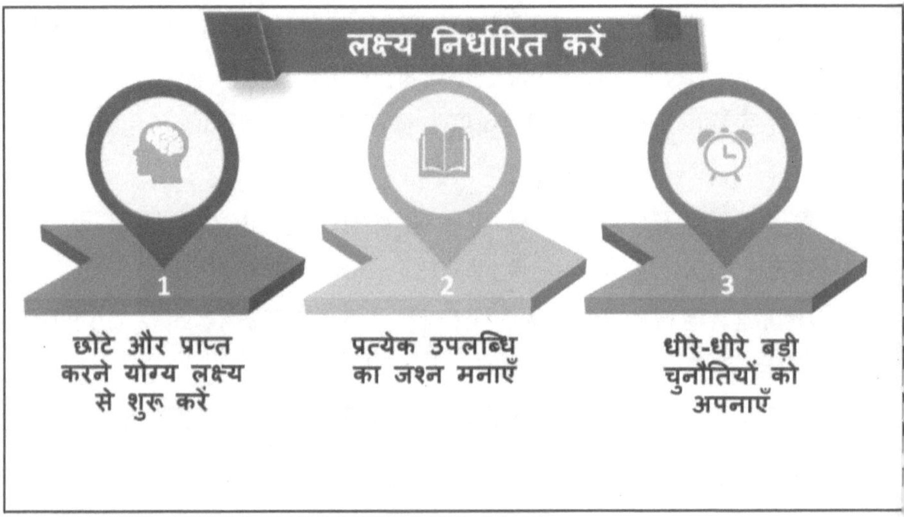

6. शक्ति का एंकर (The Power Anchor)

विज़ुअलाइज़ेशन के दौरान जब आप अपनी शक्ति के शिखर पर हों, तो एक शारीरिक संकेत जोड़ दें। जैसे अपनी तर्जनी और अंगूठे को आपस में जोर से दबाना।

- **इसका फायदा:** बार-बार ऐसा करने से आपका दिमाग इस शारीरिक स्पर्श को आत्मविश्वास की भावना के साथ जोड़ देगा। भविष्य में जब भी आप घबराएँ, बस अपनी उंगलियों को दबाएँ—आपका दिमाग तुरंत उस शक्तिशाली अवस्था (State) को ट्रिगर कर देगा।

जब भी आप विज़ुअलाइज़ेशन के दौरान बहुत शक्तिशाली महसूस करें, तो अपनी मुट्ठी भींचें या अपनी कलाई पकड़ें। धीरे-धीरे आपका दिमाग इस शारीरिक स्पर्श

को उस आत्मविश्वास के साथ जोड़ देगा। भविष्य में, जब भी आप घबराएँ, बस अपनी मुट्ठी भींचें—आपका दिमाग वापस उसी शक्तिशाली स्थिति में लौट आएगा।

बाधाओं को पार करने की कल्पना करें

सफलता के रास्ते में हमेशा रुकावटें आती रहेंगी। गलतियों के लिए तैयार रहना स्मार्ट लक्ष्य नियोजन का हिस्सा है, लेकिन लोग अक्सर यह भूल जाते हैं कि यह कल्पना प्रक्रिया का एक महत्वपूर्ण हिस्सा है। अगर आपको लगता है कि कोई ऐसी बाधा आ सकती है जो आपकी प्रगति में रुकावट डाले, तो यह न सोचें कि यह आपकी योजनाओं को कैसे पटरी से उतार देगी। इसके बजाय, कुछ मिनट यह कल्पना करने में बिताएं कि आप उसका सामना कैसे करेंगे।

आप अपने आस-पास की दुनिया में होने वाली घटनाओं को नियंत्रित नहीं कर सकते, लेकिन आप हमेशा उन पर अपनी प्रतिक्रिया को नियंत्रित कर सकते हैं। और यही इस कल्पना तकनीक का सार है - अपने रास्ते में आने वाली किसी भी चीज़ का सामना करने के लिए खुद को सही मानसिक स्थिति में लाना। इस तरह की कल्पना करने से न केवल आप जीवन की संभावित घटनाओं से निपटने के लिए मानसिक शक्ति प्राप्त करेंगे, बल्कि यह आपको बुरी चीजों को होने से रोकने के लिए वैकल्पिक योजनाएं और आकस्मिक उपाय बनाने के लिए भी प्रेरित करेगा।

इस अध्याय की विशेष गतिविधि (Action Step):

'5-मिनट की मानसिक वर्कआउट': रोज सुबह उठने के तुरंत बाद या रात को सोने से ठीक पहले (जब आपका अवचेतन मन सबसे अधिक सक्रिय होता है), 5 मिनट के लिए अपनी आँखें बंद करें। अपने आने वाले दिन की सबसे कठिन चुनौती को पूरी तरह सफल होते हुए देखें। उस सफलता के बाद मिलने वाली खुशी और राहत को महसूस करें।

नोट: इसे केवल एक बार न करें। जैसे मांसपेशियों को बनाने के लिए रोज़ जिम जाना पड़ता है, वैसे ही मानसिक शक्ति के लिए विज़ुअलाइजेशन का रोज़ाना अभ्यास ज़रूरी है।

कल्पना कीजिए कि आप भविष्य में कहां पहुंचेंगे।
ये कुछ ऐसी कल्पना तकनीकें हैं जिनका उपयोग आप अपने जीवन को बेहतर बनाने के लिए कर सकते हैं। सबसे महत्वपूर्ण बात यह है कि आप अपने लिए सबसे कारगर तकनीक ढूंढें और उसका नियमित रूप से उपयोग करें।
कल्पना एक शक्तिशाली उपकरण है, और जितना अधिक आप इसका उपयोग करेंगे, उतने ही बेहतर परिणाम आपको मिलेंगे। इसलिए रचनात्मक बनें और विभिन्न तकनीकों के साथ प्रयोग करें। ऊपर बताई गई सभी पांच तकनीकों का अभ्यास करके, आप एक ऐसी सशक्त मानसिक स्थिति में पहुंच जाएंगे जहां आप अपने सपनों को देख पाएंगे और उन्हें साकार करने की दिशा में आगे बढ़ पाएंगे।

अध्याय का सार:
आपकी कल्पना ही आपका भविष्य है। यदि आप अपने दिमाग में हार की फिल्में देखते रहेंगे, तो हकीकत में जीतना नामुमकिन होगा। अपनी फिल्म बदलें, आपकी ज़िंदगी अपने आप बदल जाएगी।

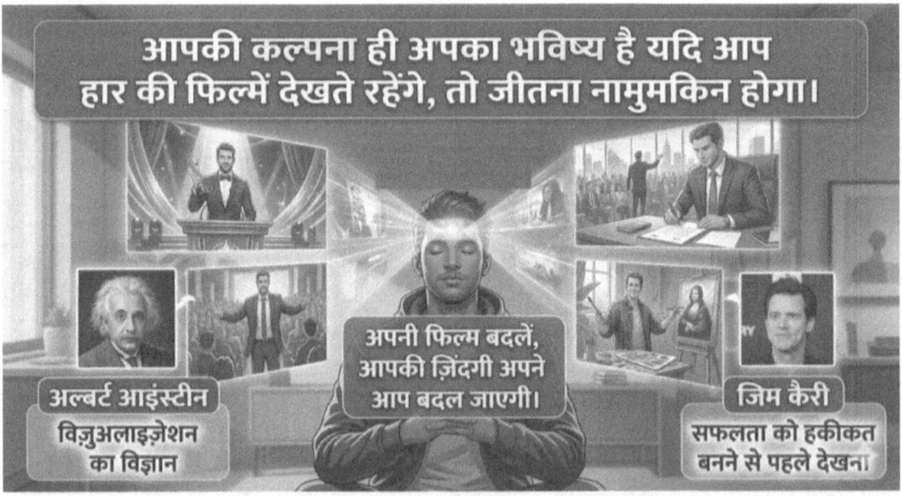

'अल्बर्ट आइंस्टीन' और 'जिम कैरी' जैसे प्रसिद्ध लोगों का उदाहरण आपके समक्ष है जिन्होंने अपनी सफलता को हकीकत बनने से पहले ही विज़ुअलाइज़ कर लिया था। यह आपको यकीन दिलाएगा कि यह कोई जादू नहीं, बल्कि विज्ञान है।

अध्याय 7
असफलता को देखने का नया नज़रिया

(हार को 'अंत' नहीं, एक 'सबक' बनाना सीखें)

हम एक ऐसे समाज में रहते हैं जहाँ बचपन से ही हमें 'नंबर 1' आने की शिक्षा दी जाती है। हमें सिखाया जाता है कि फेल होना शर्म की बात है। नतीजा यह होता है कि जैसे-जैसे हम बड़े होते हैं, हम जोखिम लेना बंद कर देते हैं। हम अपनी शक्ति को सिर्फ़ इसलिए इस्तेमाल नहीं करते क्योंकि हमें डर होता है कि अगर हम सफल नहीं हुए, तो हमारी पहचान खत्म हो जाएगी। लेकिन क्या आपने कभी किसी ऐसे सफल व्यक्ति की कहानी सुनी है जिसने कभी असफलता का स्वाद न चखा हो? **असफलता, आत्मविश्वास का अंत नहीं, बल्कि उसकी अग्नि-परीक्षा है।**

ज्यादातर लोग शुरुआत ही नहीं करते क्योंकि उन्हें डर होता है कि वे फेल हो जाएंगे। वे सोचते हैं कि असफल होने का मतलब है कि उनमें "शक्ति" नहीं है। लेकिन क्या होगा अगर मैं आपसे कहूँ कि असफलता (Failure) आत्मविश्वास का दुश्मन नहीं, बल्कि उसका सबसे बड़ा शिक्षक है? आत्मविश्वास का सबसे बड़ा शत्रु असफलता नहीं है, बल्कि असफलता के प्रति हमारी सोच है। हम में से अधिकतर लोग असफलता को अपनी योग्यता की कमी, भाग्य की खराबी या स्थायी हार के रूप में देख लेते हैं। जबकि वास्तविकता यह है कि असफलता सफलता की यात्रा का एक स्वाभाविक और आवश्यक हिस्सा है। यदि हम असफलताओं को सही दृष्टिकोण से देखना सीख लें, तो वही असफलताएँ हमारे आत्मविश्वास को कमजोर करने के बजाय और अधिक मजबूत बना सकती हैं।

1. असफलता एक 'फीडबैक' है, 'फैसला' नहीं

जब आप एक नया सॉफ्टवेयर चलाते हैं और उसमें 'Error' आता है, तो क्या आप कंप्यूटर तोड़ देते हैं? नहीं। आप समझ जाते हैं कि कुछ इनपुट गलत था। जीवन भी वैसा ही है।

- असफलता का मतलब यह नहीं है कि **आप** असफल (Failure) हैं।
- इसका मतलब सिर्फ़ यह है कि आपका **तरीका** उस समय काम नहीं आया। अपनी शक्ति को पहचानना यह समझना है कि "हारना" एक घटना (Event) है, वह आपकी पहचान (Identity) नहीं है।

जब एक छोटा बच्चा चलना सीखता है, तो वह सैकड़ों बार गिरता है। क्या वह कभी गिरकर यह सोचता है कि "शायद चलना मेरे बस की बात नहीं"? नहीं। वह हर बार गिरकर यह सीखता है कि संतुलन कैसे बनाना है। असफलता आपको यह नहीं बताती कि **आप** बुरे हैं, वह बस यह बताती है कि आपका **तरीका** सही नहीं था। हर असफलता हमें यह संकेत देती है कि कहाँ सुधार की आवश्यकता है। यह जीवन का एक प्रकार का "फीडबैक सिस्टम" है। यदि कोई विद्यार्थी प्रतियोगी परीक्षा में सफल नहीं होता, तो वह अपनी तैयारी की रणनीति, समय प्रबंधन या विषय की समझ का पुनर्मूल्यांकन कर सकता है। इस प्रकार असफलता भविष्य की सफलता का मार्गदर्शन बन जाती है।

2. 'एफ.ए.आई.एल' (F.A.I.L.): सीखने का पहला चरण

महान एपीजे अब्दुल कलाम अक्सर कहते थे कि **FAIL** का असली मतलब है— **First Attempt In Learning** (सीखने में पहला प्रयास)। अगर आप कभी फेल नहीं हुए, तो इसका मतलब है कि आपने कभी कुछ नया करने की कोशिश ही नहीं की। आप अभी भी अपने 'कंफर्ट ज़ोन' की छोटी सी दीवार के पीछे छिपे हुए हैं। असली आत्मविश्वास तब पैदा होता है जब आप गिरते हैं और फिर से खड़े होने का साहस जुटाते हैं। असफलता का मतलब है:

"सीखने में पहला प्रयास।"
"मैं असफल हूँ" नहीं, "मेरा प्रयास असफल हुआ" सोचें

अक्सर हम अपने कार्य और अपनी पहचान को एक साथ जोड़ देते हैं। यदि परीक्षा में कम अंक आए या कोई परियोजना सफल नहीं हुई, तो हम स्वयं को ही असफल मान लेते हैं। यह सोच आत्मविश्वास को गहरा आघात पहुँचाती है।

हमें यह समझना चाहिए कि असफल हुआ हमारा प्रयास है, न कि हमारा व्यक्तित्व। जब हम स्वयं को परिस्थिति से अलग कर पाते हैं, तब सुधार की संभावना बढ़ जाती है।

3. 'क्या होगा अगर...' की बीमारी का इलाज (थॉमस एडिसन का नजरिया)
जब एडिसन बल्ब बनाने की कोशिश कर रहे थे, तो वे हज़ारों बार असफल हुए। एक पत्रकार ने उनसे पूछा, "हज़ार बार फेल होने के बाद आपको कैसा लगता है?" एडिसन ने मुस्कुराकर जवाब दिया, "मैं हज़ार बार फेल नहीं हुआ, बल्कि मैंने सफलतापूर्वक **1,000 ऐसे तरीके खोज लिए हैं जिनसे बल्ब नहीं बनाया जा सकता।"** यही वह मानसिक बदलाव (Mindset Shift) है जो एक साधारण व्यक्ति को महान बनाता है। हम अक्सर सोचते हैं, "अगर मैं फेल हो गया तो लोग हँसेंगे।"

- **शक्ति का विचार:** लोग तब भी हँसते हैं जब आप कुछ नहीं करते। तो क्यों न कुछ बड़ा करते हुए उनकी बातों का सामना किया जाए?

जब कोई प्रयास सफल नहीं होता, तो इसका अर्थ यह नहीं कि हम अयोग्य हैं। इसका अर्थ केवल इतना है कि हमें अपने प्रयास के तरीके, तैयारी या दृष्टिकोण में सुधार की आवश्यकता है।

4. रिजेक्शन (Rejection) को री-डायरेक्शन (Redirection) समझें

कई बार जब हमें कोई नौकरी नहीं मिलती या कोई प्रोजेक्ट हाथ से निकल जाता है, तो हम टूट जाते हैं। लेकिन समय बीतने पर हमें अहसास होता है कि वह 'ना' हमारे लिए बेहतर था क्योंकि उसने हमें किसी और बड़े रास्ते की तरफ मोड़ दिया। हकीकत यह है कि हर 'ना' आपको एक बेहतर 'हाँ' की तरफ मोड़ रही है। अपनी कीमत दूसरों की राय से तय करना बंद करें।

- **शक्ति का सूत्र:** जब एक दरवाज़ा बंद होता है, तो आपकी शक्ति दूसरे दरवाज़े को खोजने में होनी चाहिए, न कि बंद दरवाज़े के सामने बैठकर रोने में।

5. विकासवादी मानसिकता (Growth Mindset) अपनाएँ

जब हम यह मानते हैं कि हमारी क्षमताएँ प्रयास और अभ्यास से बढ़ सकती हैं, तब असफलता हमें निराश नहीं करती, बल्कि आगे बढ़ने के लिए प्रेरित करती है। विकासवादी मानसिकता हमें यह सिखाती है कि हर चुनौती हमारे कौशल को निखारने का अवसर है।

6. आत्मसंवाद को सकारात्मक बनाएं

असफलता के बाद मन में नकारात्मक विचार आना स्वाभाविक है, जैसे — "मैं यह नहीं कर सकता" या "मैं हमेशा असफल रहता हूँ।" इन विचारों को बदलकर कहें — "मैं अगली बार बेहतर प्रयास करूंगा" या "मैंने इससे कुछ नया सीखा है।" यह सकारात्मक आत्मसंवाद धीरे-धीरे आत्मविश्वास को पुनः स्थापित करता है।

इस अध्याय की विशेष गतिविधि (Action Step):

'विफलता का पोस्टमार्टम' (The Failure Review): अपनी ज़िंदगी की किसी एक बड़ी असफलता के बारे में सोचें जिसे लेकर आप आज भी दुखी होते हैं। अब एक कागज़ पर इन तीन सवालों के जवाब लिखें:

1. उस अनुभव ने मुझे कौन सी **एक महत्वपूर्ण बात** सिखाई?

2. उस असफलता के कारण मेरे व्यक्तित्व में **क्या सुधार** आया? (क्या आप अधिक सहनशील या समझदार बने?)
3. अगर वह असफलता न होती, तो आज आप **क्या खो देते?**

जब आप हार में से 'सीख' को निकाल लेते हैं, तो वह हार, हार नहीं रहती; वह एक निवेश (Investment) बन जाती है।

- *उदाहरण:* "मेरा बिजनेस फेल हुआ" — *सीख:* "मैंने मार्केट रिसर्च नहीं की थी, अगली बार मैं तैयारी के साथ उतरूँगा।" जब आप अपनी हार से सीख लेते हैं, तो आप हारते नहीं, आप 'अपग्रेड' हो जाते हैं।

अध्याय का सार:

मैदान में गिरना बुरा नहीं है, गिरकर पड़े रहना बुरा है। आपकी शक्ति आपकी जीत में नहीं, बल्कि आपकी हार के बाद उठने की रफ़्तार में छिपी है। असफलता अंत नहीं, सीखने का अवसर है। याद रखिए, कोहिनूर हीरा भी कोयले की खान में अत्यधिक दबाव सहने के बाद ही चमकता है। पाठकों को मेरी सलाह रहेगी कि वे "कंफर्ट ज़ोन" से बाहर निकलें।असफलता जीवन का अविभाज्य हिस्सा है। इसे नकारात्मक दृष्टि से देखने पर यह आत्मविश्वास को कमजोर करती है, परंतु सकारात्मक दृष्टिकोण अपनाने पर यही असफलता हमें अधिक परिपक्व, मजबूत और अनुभवी बनाती है। जब हम असफलताओं को सीख, अनुभव और विकास के अवसर के रूप में देखने लगते हैं, तब आत्मविश्वास स्वाभाविक रूप से बढ़ने लगता है।

याद रखें:

असफलता वह सीढ़ी है, जिस पर चढ़कर ही सफलता की ऊँचाई तक पहुँचा जा सकता है। *"समुद्र के किनारे खड़े जहाज़ सुरक्षित तो होते हैं, लेकिन वे किनारे खड़े रहने के लिए नहीं बने होते।"*

अध्याय 8
बॉडी लैंग्वेज का खेल
(Game of Body Language)

(बिना बोले अपनी शक्ति का अहसास कराएं)

क्या आपने कभी गौर किया है कि जब कोई शेर जंगल में चलता है, तो उसके चलने के अंदाज़ से ही पता चल जाता है कि वह राजा है? वह चिल्लाकर अपनी शक्ति नहीं बताता, उसकी 'बॉडी लैंग्वेज' (Body Language) ही काफी होती है। क्या आपने कभी किसी ऐसे व्यक्ति को कमरे में आते देखा है जिसे देखते ही आपको लगा हो कि "इस इंसान में दम है"? उन्होंने अभी तक एक शब्द भी नहीं बोला, फिर भी उनकी उपस्थिति (Presence) महसूस हुई। यह जादू नहीं, बल्कि **बॉडी लैंग्वेज** का विज्ञान है।

आत्मविश्वास केवल शब्दों से व्यक्त नहीं होता, बल्कि हमारे शरीर की भाषा (Body Language) से अधिक झलकता है। कई बार हम कुछ और कहते हैं, लेकिन हमारा हाव-भाव कुछ और ही कहानी बता देता है। यही कारण है कि बॉडी लैंग्वेज को "मौन भाषा" भी कहा जाता है। **बॉडी लैंग्वेज का खेल** समझना और उसे सही दिशा देना आत्मविश्वास बढ़ाने का एक शक्तिशाली माध्यम है।

संचार (Communication) के विशेषज्ञों का मानना है कि जब हम किसी से बात करते हैं, तो हमारे शब्दों का प्रभाव केवल **7%** होता है, जबकि हमारी आवाज़ के उतार-चढ़ाव का **38%** और हमारी शरीर की भाषा का **55%** प्रभाव पड़ता है। यानी, आपके बोलने से पहले ही आपका शरीर आपकी कहानी सुना चुका होता है। आपका दिमाग आपके शरीर को नियंत्रित करता है, लेकिन विज्ञान कहता है कि आपका शरीर भी आपके दिमाग को संदेश भेजता है। इस विषय को गहराई से समझने के लिए कुछ बिन्दुओ पर नज़र डालते हैं:

1. मन और शरीर का गहरा संबंध (The Mind-Body Loop)
ज़्यादातर लोग सोचते हैं कि "जब मुझे आत्मविश्वास महसूस होगा, तब मेरी बॉडी लैंग्वेज अच्छी होगी।" लेकिन विज्ञान इसके विपरीत बात करता है। अगर आप जानबूझकर अपनी बॉडी लैंग्वेज को सुधारते हैं, तो आपका दिमाग अपने आप आत्मविश्वास महसूस करने लगता है।
प्रयोग: अभी इसी वक्त अपने कंधों को झुका लें, नीचे देखें और धीरे से बोलें "मैं बहुत शक्तिशाली हूँ।" क्या आपको यकीन हुआ? नहीं। अब सीधे खड़े हों, गहरी सांस लें, कंधे पीछे करें और वही बात बोलें। फर्क साफ है!

2. 'पावर पोज़' (Power Posing) का विज्ञान
हार्वर्ड की मनोवैज्ञानिक एमी कडी (Amy Cuddy) ने एक शोध में पाया कि अगर आप केवल 2 मिनट के लिए 'पावर पोज़' (जैसे हाथ कमर पर रखकर खड़े होना या हाथ ऊपर फैलाना) में रहते हैं, तो आपके शरीर में **टेस्टोस्टेरोन** (Testosterone - आत्मविश्वास का हार्मोन) बढ़ जाता है और **कोर्टिसोल** (Cortisol - तनाव का हार्मोन) कम हो जाता है। जब हम डरे होते हैं, तो हम खुद को सिकोड़ लेते हैं (कंधे झुका लेना, हाथ बांध लेना)। अपनी शक्ति पहचानने के लिए आपको अपनी जगह घेरनी होगी। जब आप जगह घेरते हैं, तो आप अपने दिमाग को संकेत देते हैं कि आप सुरक्षित और शक्तिशाली हैं।

- **सीधे खड़े हों:** कल्पना करें कि आपके सिर से एक अदृश्य धागा जुड़ा है जो आपको ऊपर की ओर खींच रहा है।
- **कंधे पीछे:** झुके हुए कंधे कमज़ोर आत्मविश्वास की निशानी हैं।

3. आँखों का संपर्क (The 80/20 Eye Contact Rule)
आत्मविश्वासी लोग नज़रें नहीं चुराते। नज़रें झुकाना अक्सर डर, शर्म, झूठ का या कुछ छिपाने का संकेत माना जाता है।

- **तरीका:** बातचीत के दौरान कम से कम 80% समय सामने वाले की आँखों में (सहजता से) देखें और 20% समय अपनी नज़रों को थोड़ा इधर-उधर करें ताकि सामने वाला असहज न हो। आँखों का संपर्क भरोसे की नींव है।

- **शक्ति का सूत्र:** जब आप किसी से बात करें, तो उनकी आँखों में सहजता से देखें। इसका मतलब यह नहीं कि आप उन्हें घूरें, बल्कि यह कि आप उनसे जुड़ने और अपनी बात रखने के लिए तैयार हैं।

4. हाथों की भाषा और 'ओपन गेस्चर्स'

जब हम घबराते हैं, तो हम अक्सर अपने हाथों को छिपा लेते हैं, उन्हें जेब में डाल लेते हैं या अपनी बाहें सिकोड़ लेते हैं (Crossed arms)। यह एक 'डिफेंसिव' मुद्रा है, जो बताती है कि आप खुद को बचा रहे हैं। बात करते समय अपने हाथों को जेब में न रखें या पीछे न बांधें। खुले हुए हाथ (Open Palms) यह दर्शाते हैं कि आपके पास छिपाने के लिए कुछ नहीं है और आप आत्मविश्वासी हैं।

शक्ति का अभ्यास: बात करते समय अपने हाथों का इस्तेमाल करें। खुली हथेलियाँ यह दर्शाती हैं कि आप ईमानदार और आत्मविश्वासी हैं।

4. मुस्कुराहट: आपका सबसे बड़ा हथियार

एक फीकी और डरी हुई मुस्कान नहीं, बल्कि एक असली और गहरी मुस्कान। यह न केवल दूसरों को सहज बनाती है, बल्कि आपके मस्तिष्क को 'डोपामाइन' भेजने का संकेत देती है, जिससे आप तुरंत शांत और शक्तिशाली महसूस करने लगते हैं।

आत्मविश्वासी और असुरक्षित बॉडी लैंग्वेज में अंतर

असुरक्षित बॉडी लैंग्वेज	आत्मविश्वासी बॉडी लैंग्वेज
झुका हुआ कंधा	सीधी और संतुलित मुद्रा
आँखों से संपर्क से बचना	सहज और संतुलित Eye Contact
धीमी और हिचकिचाती आवाज़	स्पष्ट और स्थिर आवाज़
हाथ बाँधकर खड़ा होना	खुले और स्वाभाविक हाव-भाव
बेचैनी से हिलना-डुलना	स्थिर और संयमित व्यवहार

छोटे-छोटे बदलाव भी व्यक्तित्व में बड़ा अंतर ला सकते हैं।

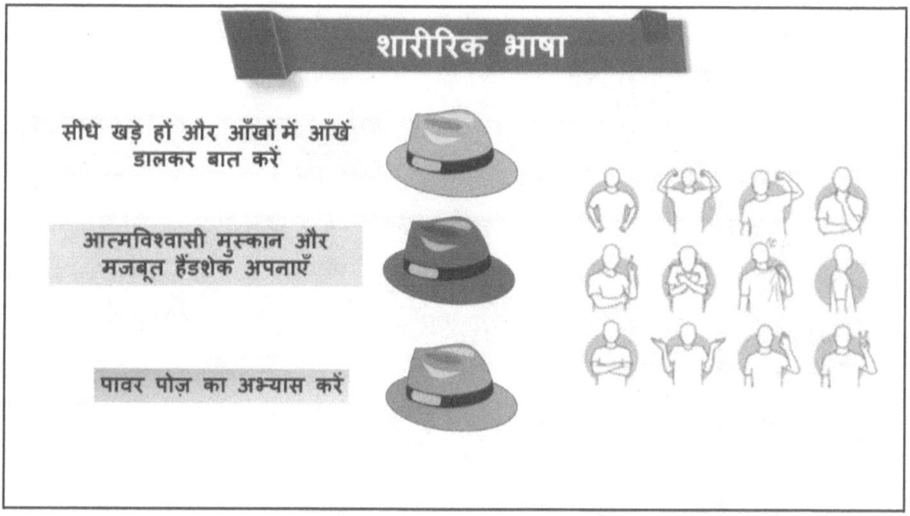

इस अध्याय की विशेष गतिविधि (Action Step):

1. 'द मिरर चेक' (The Mirror Check): आज आईने के सामने खड़े हों और अपनी सामान्य बॉडी लैंग्वेज को देखें।

- i. क्या आपके कंधे झुके हुए हैं? उन्हें पीछे और नीचे की ओर खींचें।
- ii. क्या आपका सिर नीचे झुका है? उसे ज़मीन के समानांतर (Parallel) लाएं।
- iii. अपनी ठोड़ी (Chin) को थोड़ा सा ऊपर उठाएं।

अगली बार जब आप किसी से मिलने जाएं, तो दरवाज़े के अंदर कदम रखने से पहले कल्पना करें कि आप एक 'सुपरहीरो' की तरह खड़े हैं। यह 2 सेकंड का मानसिक बदलाव आपकी पूरी छवि बदल देगा।

2. 'द 2-मिनट पावर चैलेंज' (The 2-minute Power Challenge): अगली बार जब आप किसी ज़रूरी मीटिंग, इंटरव्यू या डेट पर जाएं, तो उससे पहले 2 मिनट के लिए अकेले में 'सुपरमैन' या 'वंडर वुमन' पोज़ में खड़े हों (हाथ कमर पर, पैर फैले हुए, सीना तानकर)।

क्यों? शोध बताते हैं कि ऐसा करने से शरीर में *टेस्टोस्टेरोन* (कॉन्फिडेंस हार्मोन) बढ़ता है और *कोर्टिसोल* (तनाव हार्मोन) घटता है।

आत्मविश्वासी बॉडी लैंग्वेज विकसित करने के उपाय

(i) सही मुद्रा (Posture) अपनाएँ: हमेशा कंधे सीधे रखें, गर्दन संतुलित और छाती हल्की सी खुली रखें।

(ii) आँखों का संतुलित संपर्क बनाएँ: लगातार घूरना नहीं, बल्कि स्वाभाविक और सम्मानजनक Eye Contact रखें।

(iii) मुस्कान की शक्ति अपनाएँ: हल्की और सच्ची मुस्कान सकारात्मक प्रभाव छोड़ती है।

(iv) हाथों का उपयोग संतुलित रखें: बहुत अधिक या बिल्कुल स्थिर हाथ दोनों ही असहजता दर्शाते हैं।

(v) चलने का तरीका सुधारें: तेज लेकिन संतुलित कदम, आत्मविश्वास का संकेत देते हैं।

(vi) आवाज़ पर ध्यान दें: स्पष्ट, मध्यम गति और संतुलित स्वर प्रभावी व्यक्तित्व की पहचान है।

अध्याय का सार:

आपका शरीर एक रेडियो स्टेशन की तरह है जो लगातार सिग्नल भेज रहा है। यदि आप चाहते हैं कि दुनिया आपको एक शक्तिशाली और आत्मविश्वासी व्यक्ति के रूप में देखे, तो सबसे पहले अपने शरीर को उस तरह से 'ट्यून' करना शुरू करें। इसी प्रकार *"आपका शरीर एक एंटीना की तरह है; अगर*

आप कमज़ोर सिग्नल भेजेंगे, तो दुनिया को आपकी शक्ति कभी सुनाई नहीं देगी।" प्रभावी संचार (Effective Communication) आत्मविश्वास का दर्पण है। जब व्यक्ति स्पष्ट और संयमित ढंग से अपनी बात रखता है, तो उसका प्रभाव बढ़ता है। बॉडी लैंग्वेज आत्मविश्वास की मौन अभिव्यक्ति है। यदि आप अपने हाव-भाव, मुद्रा और आँखों के संपर्क पर ध्यान देना शुरू कर दें, तो आपका व्यक्तित्व अधिक प्रभावशाली और आकर्षक बन सकता है। **बॉडी लैंग्वेज बदलें, आत्मविश्वास अपने आप बढ़ेगा।**

अध्याय 9
पहनावा और आपका प्रभाव

(कपड़े सिर्फ तन ढंकने के लिए नहीं, खुद को जताने के लिए हैं)
अक्सर लोग कहते हैं, "इंसान का दिल साफ़ होना चाहिए, कपड़ों में क्या रखा है?" सुनने में यह बात बहुत आदर्शवादी लगती है, लेकिन हकीकत यह है कि **आप खुद को जैसा देखते हैं, आप वैसा ही महसूस करने लगते हैं।** आप जब किसी नए व्यक्ति से मिलते हैं, तो वह आपके विचारों को सुनने से पहले आपको **देखता** है। आपका पहनावा आपके बारे में एक 'विजुअल स्टेटमेंट' (Visual Statement) जारी कर देता है। मनोविज्ञान में इसे **'Enclothed Cognition'** कहते हैं। इसका मतलब है कि आप जो पहनते हैं, वह न केवल दूसरों की नज़रों को प्रभावित करता है, बल्कि आपके **सोचने के तरीके** को भी बदल देता है।

व्यक्ति का आत्मविश्वास केवल उसके विचारों और व्यवहार से ही नहीं, बल्कि उसके पहनावे से भी झलकता है। परिधान हमारी पहचान, व्यक्तित्व और सोच का मौन परिचय पत्र (Silent Introduction) होता है। जब हम किसी से पहली बार मिलते हैं, तो शब्दों से पहले हमारा पहनावा ही प्रभाव डालता है। इसलिए आत्मविश्वास के विकास में परिधान की भूमिका अत्यंत महत्वपूर्ण है।

1. प्रथम प्रभाव (First Impression) में परिधान की भूमिका

यह कहा जाता है कि “पहला प्रभाव ही अंतिम प्रभाव होता है।” किसी साक्षात्कार, प्रस्तुति, सभा या सामाजिक कार्यक्रम में हमारा पहनावा लोगों के मन में हमारी छवि बनाता है। साफ-सुथरे, सुसंगत और अवसर के अनुरूप वस्त्र यह दर्शाते हैं कि व्यक्ति सजग, जिम्मेदार और आत्मविश्वासी है। यदि कोई विद्यार्थी परीक्षा या इंटरव्यू में व्यवस्थित वेशभूषा में जाता है, तो उसका आत्मबल स्वतः बढ़ जाता है। इसी प्रकार, पेशेवर वातावरण में औपचारिक परिधान व्यक्ति की गंभीरता और समर्पण को दर्शाता है।

2. ड्रेसिंग आपकी 'कवच' (Armor) है

क्या आपने कभी गौर किया है कि जब आप घर के पुराने पायजामे में होते हैं, तो आपका व्यवहार कैसा होता है? आप थोड़ा सुस्त और लापरवाह महसूस करते हैं। लेकिन वही जब आप एक फिटिंग वाला सूट या अपनी सबसे अच्छी ड्रेस पहनते हैं, तो आपकी पीठ अपने आप सीधी हो जाती है। जब आप अपने पसंदीदा और फिटिंग वाले कपड़े पहनते हैं, तो आपकी चाल बदल जाती है।

- **शक्ति का सूत्र:** अच्छे कपड़े दूसरों को प्रभावित करने के लिए नहीं, बल्कि खुद को यह याद दिलाने के लिए पहनें कि आप **महत्वपूर्ण** हैं। जब आप खुद को आईने में देखकर गर्व महसूस करते हैं, तो वह आत्मविश्वास आपकी आवाज़ और काम में झलकता है।

3. अवसर के अनुसार तैयारी (Dress for the Occasion)

गलत पहनावा आपकी मानसिक ऊर्जा को सोख लेता है। अगर आप किसी प्रोफेशनल मीटिंग में कैजुअल टी-शर्ट पहनकर चले जाएं, तो आपका आधा ध्यान इस बात पर रहेगा कि लोग आपके बारे में क्या सोच रहे हैं। अगर आप किसी शादी में पायजामे में चले जाएं, तो आप कितने भी ज्ञानी क्यों न हों, आप अंदर से असहज (Uncomfortable) महसूस करेंगे।

सही पहनावा आपको उस माहौल का हिस्सा (Part of the room) बनाता है और आपकी घबराहट को कम करता है। जब आप जानते हैं कि आप उस जगह के हिसाब से बिल्कुल सही दिख रहे हैं, तो आपका दिमाग फालतू की चिंताओं से मुक्त होकर अपने काम पर ध्यान दे पाता है। जब आप जानते हैं कि आप अच्छे दिख रहे हैं, तो आपका आधा ध्यान इस चिंता से हट जाता है कि लोग आपके बारे में क्या सोच रहे हैं।

हर अवसर का अपना एक परिधान-संस्कृति (Dress Code) होता है।

- विद्यालय/कॉलेज – सादगी और अनुशासन
- कार्यालय – औपचारिकता और पेशेवरता
- सामाजिक समारोह – आकर्षण और सौम्यता

यदि हम अवसर के अनुरूप कपड़े पहनते हैं, तो हम दूसरों के प्रति सम्मान भी प्रकट करते हैं। इससे हमारा सामाजिक प्रभाव सकारात्मक बनता है।

4. फिटिंग और साफ़-सफाई का मनोविज्ञान

महँगे ब्रांड के कपड़े पहनना ज़रूरी नहीं है। ज़रूरी है कि कपड़े साफ़ हों, प्रेस किए हुए हों और आपके शरीर पर फिट बैठते हों। असली जादू 'फिटिंग' और 'देखभाल' में है। साफ, इस्त्री किए हुए और सुव्यवस्थित कपड़े व्यक्ति की गंभीरता और आत्मअनुशासन को दर्शाते हैं। सादगीपूर्ण परिधान भी प्रभावशाली हो सकते हैं, यदि उनमें आत्मविश्वास और गरिमा हो।

- **फिटिंग:** बहुत ढीले कपड़े आपको 'आलसी' या 'लापरवाह' दिखाते हैं, जबकि बहुत टाइट कपड़े आपको 'असहज' (Insecure) दिखाते हैं। सही फिटिंग बताती है कि आप अपने शरीर और व्यक्तित्व के प्रति जागरूक हैं।
- **साफ़-सफाई:** प्रेस किए हुए कपड़े और साफ़ जूते अनुशासन (Discipline) के प्रतीक हैं।

5. रंग और मनोविज्ञान (Color Psychology)
रंग आपके मूड को बदल सकते हैं। रंग केवल सुंदर दिखने के लिए नहीं होते, वे संदेश भेजते हैं:

- **नीला (Blue):** यह शांति और भरोसे तथा विश्वास और स्थिरता का प्रतीक है। इंटरव्यू के लिए यह बेहतरीन रंग है।
- **लाल (Red):** यह ऊर्जा, साहस और ध्यान खींचने वाला रंग है। जब आप लीडरशिप की भूमिका में हों, तो यह रंग आपकी शक्ति बढ़ाता है।
- **सफेद (White):** यह ईमानदारी, शुद्धता और सरलता का प्रतीक है।
- **काला:** यह गंभीरता, शक्ति और अधिकार (Authority) का प्रतीक है।

इस अध्याय की विशेष गतिविधि (Action Step):
'पावर ड्रेसिंग' प्रयोग: अगले एक हफ्ते में कोई भी एक दिन ऐसा चुनें (भले ही कोई खास मौका न हो), जिस दिन आप अपने सबसे अच्छे और सबसे फिटिंग वाले कपड़े पहनेंगे। उस दिन गौर करें कि आपके काम करने की ऊर्जा और लोगों से बात करने के तरीके में क्या बदलाव आया। आप पाएंगे कि जब आप 'बेहतरीन' दिखते हैं, तो आप 'बेहतरीन' काम भी करते हैं।

- उस दिन अपनी चाल पर गौर करें।
- देखें कि क्या आप लोगों की आँखों में ज्यादा आत्मविश्वास से देख पा रहे हैं?
- गौर करें कि क्या उस दिन आपकी प्रोडक्टिविटी (Productivity) बढ़ गई? आप पाएंगे कि जब आप 'बेहतरीन' दिखते हैं, तो आपका दिमाग 'बेहतरीन' परिणाम देने के लिए खुद को तैयार कर लेता है।

"स्टाइल" का मतलब "फैशन की अंधी नकल" करना नहीं है। स्टाइल का मतलब है—वह पहनना जो आपको यह महसूस कराए कि आप दुनिया का सामना करने के लिए तैयार हैं। आपके कपड़े आपकी 'दूसरी त्वचा' हैं; सुनिश्चित करें कि वे आपकी शक्ति को बढ़ा रहे हैं, न कि उसे छिपा रहे हैं। आप कह सकते हैं, **"कपड़े आपका परिचय आपके बोलने से पहले ही दे देते हैं।"**

परिधान हमारे व्यक्तित्व, संस्कृति और सोच का दर्पण है। पारंपरिक वेशभूषा हमारी सांस्कृतिक जड़ों से जुड़ाव दर्शाती है, जबकि आधुनिक परिधान हमारी समकालीन सोच को प्रकट कर सकते हैं। महत्वपूर्ण यह है कि हम जो भी पहनें, उसमें आत्मविश्वास और सहजता हो। परिधान केवल बाहरी सजावट नहीं है, बल्कि यह आत्मविश्वास और व्यक्तित्व का महत्वपूर्ण अंग है। जब हमारा पहनावा सुव्यवस्थित, स्वच्छ और अवसरानुकूल होता है, तो वह हमारे आत्मविश्वास को बढ़ाता है और दूसरों पर सकारात्मक प्रभाव डालता है।
अतः याद रखें — **"आपके कपड़े आपके बारे में बोलते हैं, इससे पहले कि आप स्वयं बोलें।"**

अध्याय 10
संवाद की कला
(The Art of Communication)

(अपनी आवाज़ में वजन लाएं और आत्मविश्वास से बोलें)

दुनिया में सबसे ज्यादा डर लोगों को 'मंच पर बोलने' (Public Speaking) से लगता है। लेकिन संवाद का मतलब सिर्फ मंच पर खड़े होकर भाषण देना नहीं है; यह एक छोटी मीटिंग में अपनी राय देना, किसी अजनबी से हाथ मिलाना या बहस के दौरान अपनी बात को मजबूती से रखना भी है। आपकी आवाज़ आपकी शक्ति का सबसे बड़ा जरिया है।

आत्मविश्वास का सबसे सुंदर और प्रभावी प्रदर्शन संवाद के माध्यम से होता है। संवाद केवल बोलना नहीं है, बल्कि सही शब्द, सही भाव और सही समय पर अपनी बात इस प्रकार रखना है कि सामने वाला समझे, स्वीकार करे और जुड़ाव महसूस करे। यही है **संवाद की कला**।

याद रखिए: **लोग यह भूल सकते हैं कि आपने क्या कहा था, लेकिन वे यह कभी नहीं भूलते कि आपने उन्हें कैसा महसूस कराया।**

1. क्या कहना है से ज्यादा जरूरी है 'कैसे' कहना है

एक ही बात को दो लोग अलग-अलग तरीके से कह सकते हैं। एक व्यक्ति हिचकिचाते हुए और धीमी आवाज़ में बोलता है, जिससे उसका आत्मविश्वास कमज़ोर लगता है। वहीं दूसरा व्यक्ति उसी बात को स्पष्टता और अधिकार के साथ कहता है।

- **शक्ति का सूत्र:** बोलते समय अपनी आवाज़ की गति (Pace) को थोड़ा धीमा रखें। जो लोग बहुत तेज़ बोलते हैं, वे अक्सर घबराए हुए लगते हैं। जब आप ठहरकर बोलते हैं, तो आप संदेश देते हैं कि "मैं जो कह रहा हूँ, वह सुनने लायक है।"

2. 'पॉज़' (Pause) की जादुई ताकत

कमज़ोर वक्ता सन्नाटे (Silence) से डरता है, इसलिए वह उसे "उमम...", "आह...", "लाइक..." जैसे शब्दों से भरने की कोशिश करता है। लेकिन एक आत्मविश्वासी व्यक्ति 'पॉज़' लेने से नहीं डरता।

- किसी महत्वपूर्ण बात को कहने से पहले या बाद में 2-3 सेकंड के लिए रुकें। यह सन्नाटा आपकी बात में वजन (Weight) पैदा करता है और सामने वाले को आपकी बात गहराई से समझने पर मजबूर करता है।

3. सवाल पूछने की हिम्मत

अक्सर हम इसलिए चुप रहते हैं क्योंकि हमें लगता है कि हमारा सवाल 'मूर्खतापूर्ण' होगा। लेकिन **सच्चाई** यह है कि सवाल पूछना कमज़ोरी नहीं, बल्कि जिज्ञासा और आत्मविश्वास की निशानी है। जो सवाल पूछता है, वह नियंत्रण अपने हाथ में रखता है।

4. 'Filler Words' को अपनी डिक्शनरी से हटाएं

"मतलब कि...", "एक्चुअली...", "यू नो..." - ये शब्द आपकी बातों के प्रभाव को कम कर देते हैं और आपके आत्मविश्वास को कमज़ोर दिखाते हैं। ये बताते हैं कि आप अपने विचारों को लेकर स्पष्ट नहीं हैं। बोलते समय "उमम...", "आह...", "मतलब कि..." जैसे शब्दों का प्रयोग कम करें। ये शब्द इनकी जगह चुप्पी (Silence) बेहतर है।

- **अभ्यास:** अपनी बातचीत को रिकॉर्ड करें और सुनें कि आप कितनी बार इन शब्दों का इस्तेमाल करते हैं। अगली बार जब आप इन शब्दों को बोलने वाले हों, तो उसकी जगह बस एक गहरी सांस लें और चुप रहें। चुप्पी 'filler words' से कहीं ज्यादा शक्तिशाली है।

5. सक्रिय श्रवण (Active Listening): एक महान वक्ता की निशानी

अक्सर हमें लगता है कि आत्मविश्वास का मतलब सिर्फ बोलते रहना है। असल में, सबसे प्रभावशाली संवादकर्ता वे होते हैं जो ध्यान से सुनते हैं।

- जब आप किसी को ध्यान से सुनते हैं, तो आप न सिर्फ उन्हें महत्वपूर्ण महसूस कराते हैं, बल्कि आप अपनी प्रतिक्रिया देने के लिए बेहतर जानकारी भी जुटाते हैं। एक अच्छी बातचीत 60% सुनना और 40% बोलना होनी चाहिए।

संवाद की कला क्यों महत्वपूर्ण है?

- व्यक्तिगत संबंधों को मजबूत बनाती है
- कार्यस्थल पर सफलता दिलाती है
- नेतृत्व क्षमता विकसित करती है
- गलतफहमियों को कम करती है
- आत्मविश्वास को बढ़ाती है

अच्छा संवाद व्यक्ति को भीड़ से अलग पहचान दिलाता है।

संवाद और संवाद की कला कैसे विकसित करें?

(1) पढ़ने और सीखने की आदत डालें : शब्दों का ज्ञान बढ़ेगा, अभिव्यक्ति बेहतर होगी।

(2) बोलने का अभ्यास करें : दर्पण के सामने या छोटे समूह में बोलने का अभ्यास आत्मविश्वास बढ़ाता है।

(3) प्रश्न पूछने की आदत विकसित करें : यह आपकी रुचि और समझ को दर्शाता है।

(4) अपनी आवाज़ पर ध्यान दें : मध्यम गति, स्पष्ट उच्चारण और संतुलित स्वर प्रभावी संवाद की पहचान है।

(5) प्रतिक्रिया (Feedback) लें : अपनी प्रस्तुति या बातचीत पर दूसरों से सुझाव लें और सुधार करें।

संवाद और आत्मविश्वास का संबंध

जब व्यक्ति अपनी बात स्पष्ट और प्रभावी ढंग से कह पाता है, तो उसका आत्मविश्वास स्वतः बढ़ता है। और जब आत्मविश्वास बढ़ता है, तो संवाद और अधिक प्रभावशाली हो जाता है। इस प्रकार दोनों एक-दूसरे को मजबूत करते हैं।

इस अध्याय की विशेष गतिविधि (Action Step):

'60-सेकंड एलिवेटर पिच' (The Elevator Pitch): कल्पना कीजिए कि आप एक लिफ्ट में हैं और आपके पास अपनी बात कहने के लिए सिर्फ 60 सेकंड हैं।

1. अपने फोन का वॉइस रिकॉर्डर चालू करें।
2. किसी भी एक विषय पर (जैसे आपका काम, आपकी पसंद या आपकी किताब) 1 मिनट तक बोलें।
3. उसे दोबारा सुनें और इन तीन बातों पर गौर करें:
    - क्या आपकी आवाज़ में ऊर्जा (Energy) है?
    - क्या आप बहुत तेज़ तो नहीं बोल रहे?
    - क्या आपने "उमम..." जैसे शब्दों का प्रयोग किया?

इसे तब तक दोहराएं जब तक आप अपनी आवाज़ सुनकर खुद प्रभावित न हो जाएं।

'वीडियो रिकॉर्डिंग' तकनीक: अपने फोन का कैमरा ऑन करें और किसी भी विषय पर 2 मिनट तक बोलें। फिर उसे खुद देखें।

- क्या आप अपनी आँखों में देख पा रहे हैं?
- क्या आपकी आवाज़ में उत्साह है? हफ्ते में 3 बार ऐसा करने से आपकी झिझक पूरी तरह खत्म हो जाएगी और आप अपनी आवाज़ की शक्ति को पहचान लेंगे।

अध्याय का सार:

संवाद का उद्देश्य दूसरों को नीचा दिखाना या सिर्फ अपनी बात थोपना नहीं है। संवाद का उद्देश्य है—जुड़ना। जब आप स्पष्टता, ईमानदारी और ठहराव के साथ बोलते हैं, तो लोग न सिर्फ आपकी बात सुनते हैं, बल्कि वे आप पर भरोसा भी करते हैं। एक अच्छा वक्ता वह नहीं जो बहुत बोलता है, बल्कि वह है जिसे लोग सुनना चाहते हैं। यह अध्याय पाठकों को सिखाएगा कि अपनी बातों से दूसरों को 'इम्प्रेस' नहीं, बल्कि 'इन्फ्लुएंस' (प्रभावित) कैसे करना है। संवाद की कला जन्मजात नहीं होती, इसे अभ्यास और जागरूकता से विकसित किया जा सकता है।जो व्यक्ति सुनना, समझना और सम्मानपूर्वक बोलना सीख लेता है, वह जीवन के हर क्षेत्र में सफल हो सकता है।

अध्याय 11
छोटे लक्ष्यों की बड़ी जीत
(Small Goals, Big Wins)

(आत्मविश्वास की ईंटें हर रोज़ चुनें)

अक्सर हम सोचते हैं कि जिस दिन हम कोई बहुत बड़ा मुकाम हासिल करेंगे, जिस दिन हमें कोई बड़ा अवॉर्ड मिलेगा या प्रमोशन होगा, उसी दिन हमारा आत्मविश्वास आसमान छुएगा। लेकिन हकीकत यह है कि **बड़ा आत्मविश्वास बड़ी सफलताओं से नहीं, बल्कि लगातार मिलने वाली छोटी जीतों (Small Wins)** से आता है। जैसे एक विशाल इमारत एक-एक ईंट से बनती है, वैसे ही आपका आत्मविश्वास हर दिन के छोटे-छोटे वादों को पूरा करने से बनता है। आत्मविश्वास अचानक नहीं बनता; यह छोटी-छोटी सफलताओं की नींव पर खड़ा होता है। जब हम बड़े सपनों की ओर बढ़ते हैं, तो अक्सर उनकी विशालता हमें डराती है। ऐसे में छोटे लक्ष्य निर्धारित करना और उन्हें प्राप्त करना आत्मविश्वास बढ़ाने का सबसे प्रभावी तरीका है।

छोटे लक्ष्य क्यों आवश्यक हैं?

बड़े लक्ष्य प्रेरणा देते हैं, लेकिन छोटे लक्ष्य दिशा और गति देते हैं। यदि कोई विद्यार्थी यह सोचता है कि उसे पूरे वर्ष में टॉप करना है, तो यह लक्ष्य भारी लग सकता है। लेकिन यदि वह प्रतिदिन 2 घंटे नियमित अध्ययन का छोटा लक्ष्य बनाता है, तो यह सरल और व्यावहारिक हो जाता है।

छोटे लक्ष्य:

- स्पष्ट होते हैं
- मापने योग्य होते हैं
- जल्दी पूरे किए जा सकते हैं
- प्रेरणा को बनाए रखते हैं

जब हम छोटे-छोटे कदम उठाते हैं, तो आत्मविश्वास धीरे-धीरे मजबूत होता जाता है।

1. भरोसे का बैंक खाता (The Self-Trust Account)

कल्पना कीजिए कि आपके भीतर आत्मविश्वास नाम का एक बैंक खाता है।

- जब आप खुद से कोई छोटा वादा करते हैं और उसे पूरा करते हैं (जैसे: "मैं सुबह 6 बजे उठूँगा" या "आज मैं सिर्फ 15 मिनट टहलूँगा"), तो आप उस खाते में एक 'सकारात्मक जमा' (Deposit) करते हैं।
- जब आप वादा तोड़ते हैं (जैसे: "अलार्म बजने पर उसे स्नूज़ कर देना"), तो आप वहां से 'निकासी' (Withdrawal) करते हैं।

यदि आपका खाता खाली है, तो आपका दिमाग आप पर भरोसा करना बंद कर देता है। इसीलिए, जब आप किसी बड़ी चुनौती का सामना करते हैं, तो आपका अंतर्मन कहता है— "तुमसे नहीं होगा, क्योंकि तुमने तो सुबह उठने का छोटा सा वादा भी नहीं निभाया था।"

2. 'Compound Effect' की जादुई शक्ति

अगर आप हर दिन खुद को सिर्फ 1% बेहतर बनाने का लक्ष्य रखें, तो गणितीय रूप से आप एक साल में 37.7% गुना बेहतर इंसान बन चुके होंगे।

- **शक्ति का सूत्र:** पूर्णता (Perfection) के पीछे न भागें, निरंतरता (Consistency) के पीछे भागें। आज ही एक पहाड़ चढ़ने की कोशिश न करें; बस आज के रास्ते का पहला कदम उठाएं।

3. 'To-Do List' का मनोविज्ञान

अपने दिन की शुरुआत 3 ऐसे छोटे कामों से करें जिन्हें आप 100% पूरा कर सकें।

- बिस्तर ठीक करना।
- 5 गिलास पानी पीना।
- किसी को एक 'शुक्रिया' का मैसेज भेजना।

जब आप अपनी लिस्ट पर 'Tick' (सही का निशान) लगाते हैं, तो आपका दिमाग **डोपामाइन** रिलीज़ करता है। यह एक 'फील-गुड' हार्मोन है जो आपको यह संदेश देता है कि— **"मैं नियंत्रण में हूँ, मैं सक्षम हूँ, मैं कर सकता हूँ।"**

4. अपनी जीत का जश्न मनाएं (Celebrate the Micro-Wins)

हम अक्सर अपनी गलतियों पर खुद को कोसते हैं और हफ्तों तक याद रखते हैं, लेकिन अपनी छोटी सफलताओं को नज़रअंदाज़ कर देते हैं और अपनी खूबियों को एक पल में भूल जाते हैं। आत्मविश्वास बढ़ाने का सबसे तेज़ तरीका है—खुद की पीठ थपथपाना।

- क्या आपने आज जंक फूड नहीं खाया? यह एक जीत है।
- क्या आपने आज ऑफिस में अपनी बात मजबूती से रखी? यह एक जीत है।
- क्या आपने आज समय पर काम खत्म किया? खुद को शाबाशी दें।
- क्या आपने आज किसी को 'ना' कहने की हिम्मत की? यह एक जीत है।

जितना ज़्यादा आप अपनी जीत को 'नोट' करेंगे, आपका आत्मविश्वास उतना ही गहरा होता जाएगा। जब भी आप कोई छोटा लक्ष्य पूरा करें, तो स्वयं को सराहें। यह सराहना आत्मविश्वास को मजबूत करती है और मन में उत्साह बनाए रखती है। छोटी जीतें मिलकर बड़ी सफलता की नींव तैयार करती हैं।

इस अध्याय की विशेष गतिविधि (Action Step):

'Victory Jar' (जीत का डिब्बा):

एक कांच का खाली डिब्बा या एक पुरानी डायरी लें। हर रात सोने से पहले एक छोटी पर्ची पर अपनी दिन भर की कोई एक 'छोटी जीत' लिखें।

- *उदाहरण:* "आज मैंने डर के बावजूद उस क्लाइंट को कॉल किया।" या "आज मैंने 10 मिनट किताब पढ़ी।" या "आज मैंने पहली बार मीटिंग में अपना सुझाव दिया।"

जब भी आप कभी उदास या कमज़ोर या हताश महसूस करें, तो इस डिब्बे को खोलें और उन पर्चियों को पढ़ें। आपको अहसास होगा कि आप पिछले कुछ दिनों में कितने शक्तिशाली हुए हैं। आपको अहसास होगा कि आपकी शक्ति कितनी बढ़ चुकी है। यह डिब्बा आपके आत्मविश्वास का 'पावर बैंक' है।

अध्याय का सार:

"सफलता की सीढ़ी पर चढ़ने के लिए आपको ऊपर वाली सीढ़ी देखने की ज़रूरत नहीं है, बस पैर उठाने की ज़रूरत है।" महानता की शुरुआत महान

काम करने से नहीं, बल्कि छोटे कामों को महान तरीके से करने से होती है। हर दिन की छोटी-छोटी सफलताएं आपके आत्मविश्वास की नींव को पत्थर की तरह मज़बूत बना देती हैं। आत्मविश्वास कोई रातों-रात होने वाला चमत्कार नहीं, बल्कि हर दिन की छोटी-छोटी जीतों का संचय (Accumulation) है। हर छोटी जीत आपके अवचेतन मन को बताती है कि— **"तुम कर सकते हो।"**

"छोटे लक्ष्य, बड़ी जीत" केवल एक विचार नहीं, बल्कि आत्मविश्वास बढ़ाने की प्रभावी रणनीति है। जब हम बड़े सपनों को छोटे-छोटे कदमों में बाँटकर निरंतर आगे बढ़ते हैं, तो सफलता निश्चित हो जाती है।
याद रखें: हर बड़ी उपलब्धि की शुरुआत एक छोटे कदम से होती है। आज का छोटा प्रयास ही कल की बड़ी जीत बनेगा।

अध्याय 12
आत्मविश्वास और मानसिक स्वास्थ्य

मानसिक स्वास्थ्य (Mental Health) व्यक्ति के संपूर्ण जीवन की गुणवत्ता को प्रभावित करता है। यदि मन स्वस्थ है, तो जीवन संतुलित और सुखद प्रतीत होता है। आत्मविश्वास मानसिक स्वास्थ्य की एक महत्वपूर्ण आधारशिला है। यह केवल बाहरी सफलता तक सीमित नहीं, बल्कि आंतरिक शांति, भावनात्मक स्थिरता और आत्म-संतोष से भी जुड़ा हुआ है। जब व्यक्ति स्वयं पर विश्वास करता है, तो वह तनाव, चिंता और नकारात्मक परिस्थितियों का बेहतर सामना कर पाता है। इसके विपरीत, आत्मविश्वास की कमी मानसिक असंतुलन को बढ़ा सकती है।

1. मानसिक स्वास्थ्य क्या है?

मानसिक स्वास्थ्य का अर्थ है — भावनात्मक, मनोवैज्ञानिक और सामाजिक रूप से संतुलित होना। यह तीन प्रमुख आयामों पर आधारित होता है:

1. **भावनात्मक संतुलन** – अपनी भावनाओं को समझना और नियंत्रित करना।
2. **मनोवैज्ञानिक मजबूती** – कठिन परिस्थितियों में सकारात्मक सोच बनाए रखना।
3. **सामाजिक समायोजन** – दूसरों के साथ स्वस्थ संबंध स्थापित करना।

आत्मविश्वास इन तीनों आयामों को मजबूत करने में सहायक होता है।

2. आत्मविश्वास और तनाव (Stress)

तनाव जीवन का स्वाभाविक हिस्सा है। लेकिन यह तब हानिकारक हो जाता है जब व्यक्ति उसे संभाल नहीं पाता। आत्मविश्वासी व्यक्ति:

- समस्या को चुनौती के रूप में देखता है।
- समाधान खोजने पर ध्यान देता है।
- असफलता से घबराता नहीं।

जब व्यक्ति को अपनी क्षमताओं पर विश्वास होता है, तो तनाव का स्तर कम हो जाता है।

3. आत्मविश्वास और चिंता (Anxiety)

चिंता अक्सर भविष्य की अनिश्चितता से उत्पन्न होती है। आत्मविश्वास भविष्य के प्रति सकारात्मक दृष्टिकोण देता है। आत्मविश्वास की कमी होने पर व्यक्ति:

- अधिक सोचने लगता है।
- हर स्थिति में नकारात्मक परिणाम की कल्पना करता है।
- स्वयं को अयोग्य समझने लगता है।

लेकिन आत्मविश्वासी व्यक्ति यह मानता है कि वह परिस्थिति का सामना कर सकता है, चाहे परिणाम कुछ भी हो।

4. आत्मविश्वास और अवसाद (Depression)

अवसाद अक्सर निराशा, असफलता और आत्म-संदेह से जुड़ा होता है। जब व्यक्ति बार-बार स्वयं को असफल या अयोग्य मानता है, तो उसका मन कमजोर होने लगता है। आत्मविश्वास अवसाद से बचाने में सहायक होता है क्योंकि:

- यह व्यक्ति को अपनी उपलब्धियों की याद दिलाता है।
- आत्म-सम्मान को मजबूत करता है।
- आशा और सकारात्मकता को बनाए रखता है।

हालाँकि, गंभीर मानसिक स्वास्थ्य समस्याओं में विशेषज्ञ की सहायता आवश्यक होती है।

5. आत्म-सम्मान और आत्मविश्वास का संबंध

आत्म-सम्मान (Self-Esteem) और आत्मविश्वास आपस में जुड़े हुए हैं।

- आत्म-सम्मान = स्वयं के मूल्य को पहचानना
- आत्मविश्वास = स्वयं की क्षमता पर विश्वास करना

जब व्यक्ति स्वयं को मूल्यवान समझता है, तब उसका मानसिक स्वास्थ्य स्थिर रहता है।

6. आत्मविश्वास और भावनात्मक संतुलन

भावनात्मक संतुलन का अर्थ है — क्रोध, भय, ईर्ष्या और दुख जैसी भावनाओं को नियंत्रित करना। आत्मविश्वासी व्यक्ति:

- आलोचना को व्यक्तिगत अपमान नहीं मानता।
- असफलता को सीख समझता है।
- दूसरों की सफलता से ईर्ष्या नहीं करता।

यह दृष्टिकोण मानसिक शांति को बनाए रखता है। भावनात्मक संतुलन को हम विस्तार से समझने का प्रयास अगले अध्याय में करेंगे।

7. आत्मविश्वास और सामाजिक संबंध

स्वस्थ मानसिक स्वास्थ्य के लिए अच्छे संबंध आवश्यक हैं। आत्मविश्वासी व्यक्ति:

- अपनी बात स्पष्ट रूप से रखता है।
- सीमाएँ निर्धारित करना जानता है।
- दूसरों की राय का सम्मान करता है।

इससे संबंधों में संतुलन बना रहता है और मानसिक तनाव कम होता है।

8. नकारात्मक सोच और मानसिक असंतुलन

नकारात्मक सोच मानसिक स्वास्थ्य को कमजोर करती है।

उदाहरण:

- "मैं यह नहीं कर सकता।"
- "मैं हमेशा असफल रहता हूँ।"
- "लोग मुझे पसंद नहीं करते।"

आत्मविश्वास इन विचारों को चुनौती देता है और उन्हें सकारात्मक विचारों में बदलता है।

9. आत्मविश्वास बढ़ाने के मानसिक अभ्यास

(1) सकारात्मक आत्म-संवाद: प्रतिदिन अपने आप से सकारात्मक वाक्य कहें।

(2) ध्यान और योग: ध्यान मन को शांत करता है और मानसिक स्पष्टता बढ़ाता है।

(3) कृतज्ञता अभ्यास: प्रतिदिन तीन ऐसी बातों को लिखें जिनके लिए आप आभारी हैं।
(4) उपलब्धियों की सूची: अपनी छोटी-छोटी सफलताओं को याद रखें।
(5) स्वस्थ दिनचर्या: पर्याप्त नींद, संतुलित आहार और व्यायाम मानसिक स्वास्थ्य को मजबूत करते हैं।

10. आत्मविश्वास और लचीलापन (Resilience)

लचीलापन वह क्षमता है जिससे व्यक्ति कठिन परिस्थितियों के बाद फिर से खड़ा हो सके। आत्मविश्वास व्यक्ति को यह विश्वास दिलाता है कि: "मैं गिर सकता हूँ, लेकिन फिर उठ सकता हूँ।" यह दृष्टिकोण मानसिक मजबूती का आधार है।

11. आत्मविश्वास की कमी के मानसिक संकेत

- अत्यधिक आत्म-संदेह
- निर्णय लेने में डर
- सामाजिक परिस्थितियों से बचना
- बार-बार स्वयं को दोष देना
- छोटी असफलता से अत्यधिक निराश होना

इन संकेतों को पहचानकर समय रहते सुधार करना आवश्यक है।

12. संतुलित आत्मविश्वास का महत्व

अति-आत्मविश्वास भी मानसिक असंतुलन का कारण बन सकता है। संतुलित आत्मविश्वास ही स्वस्थ मानसिक स्थिति को बनाए रखता है।

अध्याय का सार:

आत्मविश्वास और मानसिक स्वास्थ्य एक-दूसरे के पूरक हैं। आत्मविश्वास व्यक्ति को तनाव, चिंता और अवसाद से लड़ने की शक्ति देता है। जब मन मजबूत होता है, तब जीवन की चुनौतियाँ छोटी लगने लगती हैं। अपने मन का ध्यान रखें। अपने विचारों को सकारात्मक बनाएं। स्वयं पर विश्वास रखें। याद रखें —मजबूत मन ही मजबूत जीवन की नींव है।

अध्याय 13
आत्मविश्वास और भावनात्मक संतुलन
(Self-Confidence and Emotional Balance)

मनुष्य का जीवन भावनाओं से संचालित होता है। खुशी, दुख, क्रोध, भय, ईर्ष्या, प्रेम, उत्साह—ये सभी भावनाएँ हमारे व्यवहार और निर्णयों को प्रभावित करती हैं। जब ये भावनाएँ संतुलित रहती हैं, तब जीवन सहज और संतुलित प्रतीत होता है। लेकिन जब भावनाएँ नियंत्रण से बाहर हो जाती हैं, तो मानसिक तनाव, संबंधों में दूरी और आत्म-संदेह उत्पन्न होने लगता है। यहीं आत्मविश्वास महत्वपूर्ण भूमिका निभाता है। आत्मविश्वास व्यक्ति को भावनाओं को समझने, स्वीकार करने और नियंत्रित करने की शक्ति देता है। आत्मविश्वास और भावनात्मक संतुलन एक-दूसरे के पूरक हैं। जहाँ आत्मविश्वास हमें आगे बढ़ने की शक्ति देता है, वहीं भावनात्मक संतुलन हमें स्थिर और संयमित बनाए रखता है। यदि आत्मविश्वास के साथ भावनात्मक नियंत्रण न हो, तो व्यक्ति जल्दबाज़ी या अहंकार में निर्णय ले सकता है। वहीं यदि भावनात्मक संतुलन हो लेकिन आत्मविश्वास न हो, तो व्यक्ति अवसरों का लाभ नहीं उठा पाता। इसलिए जीवन में सफलता और मानसिक शांति के लिए दोनों का संतुलन अत्यंत आवश्यक है।

1. भावनात्मक संतुलन क्या है?

भावनात्मक संतुलन (Emotional Balance) का अर्थ है —अपनी भावनाओं को समझना, स्वीकार करना और उचित तरीके से व्यक्त करना। यह भावनाओं को दबाने का नाम नहीं है, बल्कि उन्हें स्वस्थ रूप से संभालने की कला है। भावनात्मक रूप से संतुलित व्यक्ति:

- कठिन परिस्थिति में भी शांत रहता है
- क्रोध में निर्णय नहीं लेता
- आलोचना से टूटता नहीं
- खुशी में भी संतुलन बनाए रखता है

2. आत्मविश्वास भावनाओं को कैसे प्रभावित करता है?
आत्मविश्वास व्यक्ति को यह विश्वास दिलाता है कि वह परिस्थितियों का सामना कर सकता है।
(1) **भय (Fear) पर नियंत्रण :** आत्मविश्वास की कमी से व्यक्ति हर नई स्थिति से डरता है। आत्मविश्वास व्यक्ति को यह सोचने पर प्रेरित करता है —"यदि कठिनाई आएगी, तो मैं उसका समाधान खोज लूँगा।"
(2) **क्रोध (Anger) का संतुलन :** आत्मविश्वासी व्यक्ति आलोचना को व्यक्तिगत आक्रमण नहीं मानता। वह प्रतिक्रिया देने से पहले सोचता है।
(3) **ईर्ष्या (Jealousy) में कमी :** आत्मविश्वासी व्यक्ति स्वयं की तुलना दूसरों से कम करता है। वह अपनी क्षमताओं पर ध्यान केंद्रित करता है।
(4) **निराशा (Disappointment) से उबरना :** असफलता आत्मविश्वासी व्यक्ति को तोड़ती नहीं, बल्कि सिखाती है।

हमारी भावनाएँ—जैसे खुशी, दुख, क्रोध, भय या उत्साह—हमारे आत्मविश्वास को प्रभावित करती हैं।जब हम निराश या चिंतित होते हैं, तो आत्मविश्वास कम हो जाता है। लेकिन जब हम अपनी भावनाओं को समझकर उन्हें नियंत्रित करना सीख लेते हैं, तो आत्मविश्वास स्वतः मजबूत हो जाता है। उदाहरण के लिए, परीक्षा के समय घबराहट होना स्वाभाविक है। यदि विद्यार्थी उस घबराहट को स्वीकार कर गहरी साँस लेकर स्वयं को शांत करे, तो वह बेहतर प्रदर्शन कर सकता है। यही भावनात्मक संतुलन है।

3. भावनात्मक असंतुलन के कारण

1. आत्म-संदेह
2. नकारात्मक सोच
3. दूसरों की स्वीकृति पर अत्यधिक निर्भरता
4. बार-बार तुलना
5. पिछले नकारात्मक अनुभव

जब व्यक्ति स्वयं को असुरक्षित महसूस करता है, तो उसकी भावनाएँ अस्थिर हो जाती हैं।

4. आत्मविश्वास और भावनात्मक बुद्धिमत्ता

भावनात्मक बुद्धिमत्ता (Emotional Intelligence) का अर्थ है — अपनी और दूसरों की भावनाओं को समझने और नियंत्रित करने की क्षमता। आत्मविश्वास भावनात्मक बुद्धिमत्ता का आधार है क्योंकि:

- यह आत्म-जागरूकता बढ़ाता है
- प्रतिक्रिया के बजाय उत्तर देने की आदत विकसित करता है
- सहानुभूति (Empathy) को मजबूत करता है

5. आत्मविश्वास से विकसित होने वाले भावनात्मक गुण

(1) **धैर्य :** आत्मविश्वासी व्यक्ति तुरंत परिणाम की अपेक्षा नहीं करता।

(2) **सहनशीलता :** वह आलोचना को सीख के रूप में स्वीकार करता है।

(3) **आत्म-नियंत्रण :** भावनाओं पर नियंत्रण बनाए रखना आत्मविश्वास की पहचान है।

(4) **सकारात्मक दृष्टिकोण :** नकारात्मक परिस्थितियों में भी अवसर देखना।

6. व्यावहारिक उदाहरण

उदाहरण 1: कार्यस्थल

यदि किसी मीटिंग में आपकी प्रस्तुति की आलोचना होती है —

- आत्मविश्वास की कमी: आप निराश होकर चुप हो जाते हैं।
- आत्मविश्वास की उपस्थिति: आप सुझावों को स्वीकार कर सुधार करते हैं।

उदाहरण 2: विद्यार्थियों का जीवन

परीक्षा में कम अंक आने पर —

- असंतुलित प्रतिक्रिया: स्वयं को अयोग्य मान लेना।
- संतुलित प्रतिक्रिया: अध्ययन पद्धति में सुधार करना।

7. आलोचना और असफलता के समय संतुलन

जीवन में आलोचना और असफलता अवश्य आती है। यदि हम हर आलोचना को व्यक्तिगत अपमान समझ लें, तो आत्मविश्वास डगमगा सकता है।

भावनात्मक संतुलन हमें यह सिखाता है कि आलोचना को सीख के रूप में लें, न कि आघात के रूप में। प्रसिद्ध अभिनेत्री दीपिका पादुकोण ने अपने जीवन में मानसिक चुनौतियों का सामना करते हुए खुलकर चर्चा की और संतुलन बनाए रखने का संदेश दिया। यह दर्शाता है कि आत्मविश्वास का अर्थ भावनाओं को दबाना नहीं, बल्कि उन्हें स्वीकार कर संतुलित रखना है।

8. आत्मविश्वास बढ़ाकर भावनात्मक संतुलन कैसे विकसित करें?

(i) **सकारात्मक आत्मसंवादः** नकारात्मक विचारों को सकारात्मक विचारों में बदलना सीखें। "मैं नहीं कर पाऊँगा" के स्थान पर "मैं प्रयास करूँगा और सीखूँगा" कहें। अपने आप से कहें: "मैं इस परिस्थिति को संभाल सकता हूँ।"

(ii) **ध्यान और प्राणायामः** नियमित ध्यान और गहरी श्वास अभ्यास मन को शांत करते हैं और भावनाओं को नियंत्रित रखने में सहायता करते हैं।

(iii) **समय प्रबंधनः** अव्यवस्थित जीवन तनाव को बढ़ाता है। योजनाबद्ध दिनचर्या भावनात्मक संतुलन बनाए रखने में सहायक होती है।

(iv) **स्वस्थ जीवनशैली:** पर्याप्त नींद, संतुलित आहार और नियमित व्यायाम मानसिक स्थिरता को मजबूत करते हैं।

(v) **आत्म-चिंतन :** प्रतिदिन कुछ मिनट स्वयं से प्रश्न करें:

- आज मुझे किस बात पर क्रोध आया?
- मैंने उसे कैसे संभाला?

(vi) **गहरी साँस लेने का अभ्यास :** तनाव के समय 5–10 गहरी साँसें लें।

(vii) सीमाएँ निर्धारित करें

9. आत्मविश्वास और संबंधों में संतुलन

जब व्यक्ति आत्मविश्वासी होता है:

- वह दूसरों की राय का सम्मान करता है
- स्वयं को व्यक्त करने में संकोच नहीं करता
- संबंधों में निर्भरता के बजाय सहयोग को महत्व देता है

इससे संबंध स्वस्थ और स्थिर रहते हैं।

10. कुछ चीजों को छोड़ना होगा

भावनात्मक संतुलन के साथ हमें कुछ अतीत और कुछ और चीजों को छोड़ना होगा। अपने आराम क्षेत्र (comfort zone) के अलावा पूर्णता (Perfection) की सोच को भी त्यागना होगा। दूसरों की स्वीकृति (other people's approval) को भी अधिक गौर देने की आवश्यकता नहीं है।

11.संतुलित आत्मविश्वास का महत्व

अति-आत्मविश्वास भावनात्मक असंवेदनशीलता ला सकता है। कम आत्मविश्वास भावनात्मक कमजोरी पैदा कर सकता है। इसलिए संतुलित आत्मविश्वास आवश्यक है - जहाँ व्यक्ति विनम्र भी हो और दृढ़ भी।

अध्याय का सार:

आत्मविश्वास भावनात्मक संतुलन की जड़ है और जीवन की सफलता के दो मजबूत स्तंभ हैं। यह व्यक्ति को अपने मन का स्वामी बनाता है, दास नहीं। जब हम स्वयं पर विश्वास करते हैं, तब हमारी भावनाएँ हमारे नियंत्रण में रहती हैं। भावनात्मक संतुलन से जीवन में शांति, स्थिरता और सकारात्मकता आती है। भावनाएँ जीवन का स्वाभाविक हिस्सा हैं। उन्हें दबाएँ नहीं, समझें। उन्हें नियंत्रित करें, उनसे नियंत्रित न हों। और याद रखें — मजबूत आत्मविश्वास ही भावनात्मक संतुलन की सबसे बड़ी शक्ति है।

याद रखें: सच्चा आत्मविश्वास वही है, जो भावनाओं के तूफ़ान में भी मन को स्थिर रख सके।

अध्याय 14
ना' कहना सीखें

(अपनी सीमाओं और आत्म-सम्मान की रक्षा करें)

क्या आप उन लोगों में से हैं जो किसी को मना नहीं कर पाते? चाहे वह ऑफिस का कोई फालतू काम हो, किसी दोस्त की ऐसी पार्टी जिसमें जाने का आपका मन नहीं है, या कोई ऐसा उधार जिसे आप देना नहीं चाहते। हम अक्सर 'हाँ' इसलिए कह देते हैं क्योंकि हम "बुरा" नहीं बनना चाहते या हमें डर होता है कि सामने वाला बुरा मान जाएगा। हमें डर होता है कि अगर हमने मना किया, तो लोग हमें स्वार्थी समझेंगे या हमसे रिश्ता तोड़ लेंगे। यह बहुत ही क्रांतिकारी अध्याय है, क्योंकि आत्मविश्वास का मतलब दूसरों को खुश करना नहीं, बल्कि खुद का सम्मान करना है।

यह विषय थोड़ा संवेदनशील है लेकिन आत्मविश्वास के लिए बहुत ज़रूरी है, क्योंकि अक्सर 'हाँ' कहने की मजबूरी हमारे आत्मविश्वास को अंदर ही अंदर खोखला कर देती है। पर एक कड़वा सच जान लीजिए: **जब आप दूसरों को 'हाँ' कह रहे होते हैं, तो अक्सर आप खुद को 'ना' कह रहे होते हैं और आप अपनी शांति, अपने समय और अपने सपनों को 'ना' कह रहे होते हैं।**

1. 'ना' कहना कोई अपराध नहीं है

आत्मविश्वासी व्यक्ति जानता है कि उसकी ऊर्जा और उसका समय सीमित है। हर चीज़ और हर इंसान के लिए हर समय उपलब्ध रहना आपकी आपकी शक्ति और आपकी 'वैल्यू' को कम करता है।

- **शक्ति का सूत्र:** 'ना' कहना आपका रूखापन नहीं, बल्कि आपके चरित्र की स्पष्टता है। यह इस बात का सबूत है कि आप अपने मूल्यों (Values) और प्राथमिकताओं का सम्मान करते हैं।

2. 'Nice Person' के जाल से बाहर निकलें (The People Pleaser Trap)

मनोविज्ञान कहता है कि जो लोग सबको खुश करने की कोशिश करते हैं, वे अंदर से सबसे ज़्यादा थके हुए और कम आत्मविश्वास वाले होते हैं। हर किसी को खुश करना नामुमकिन है। वे अपनी शक्ति दूसरों की 'मंजूरी' (Approval) की वेदी पर चढ़ा देते हैं। याद रखिए, आप कोई 'आइसक्रीम' नहीं हैं जो सबको खुश कर सकें। दुनिया के सबसे महान और शक्तिशाली लोगों के भी आलोचक होते हैं। जब आप अपनी सीमाओं (Boundaries) का सम्मान करते हैं, तो लोग शुरू में भले ही नाराज़ हों, लेकिन अंत में वे आपकी और ज़्यादा इज़्ज़त करने लगते हैं।

3. 'ना' कहने की शालीन कला (How to say No)

'ना' कहने का मतलब रूखा होना या लड़ना या चिल्लाना नहीं है। आप इसे विनम्रता और शालीनता (लेकिन मज़बूती) के साथ कह सकते हैं। जब आप स्पष्ट होते हैं, तो लोग आपकी और अधिक इज़्ज़त करते हैं :

- **सीधा तरीका:** "पूछने के लिए शुक्रिया, पर फिलहाल मेरी प्राथमिकताएं कुछ और हैं।" "मैं आपकी मदद करना चाहता हूँ, लेकिन फिलहाल मैं दूसरे काम में व्यस्त हूँ।"
- **समय मांगने वाला तरीका:** "मैं अभी इस बारे में निश्चित नहीं हूँ, क्या मैं सोचकर कल बता सकता हूँ?" (यह आपको दबाव से बाहर निकालता है)।
- **विकल्प वाला तरीका:** "मैं यह पूरा काम तो नहीं कर सकता, लेकिन मैं आपको फलां व्यक्ति का नंबर दे सकता हूँ जो आपकी मदद कर दे।"

4. अपनी सीमाओं (Boundaries) का घेरा

कल्पना कीजिए कि आपका व्यक्तित्व एक घर है। अगर आपके घर में कोई भी, कभी भी बिना इज़ाज़त घुस आए, तो क्या आप वहां सुरक्षित महसूस करेंगे? बिल्कुल नहीं। आपकी 'ना' आपके घर की वह दीवार है जो अनचाहे तनाव और फालतू के कामों को बाहर रखती है। अपनी शक्ति को पहचानने

का मतलब है अपनी सीमाओं को जानना। जैसे एक घर की दीवारें उसे सुरक्षित रखती हैं, वैसे ही आपकी 'ना' आपके मानसिक सुकून और आत्मविश्वास को सुरक्षित रखती है।

इस अध्याय की विशेष गतिविधि (Action Step):

'24-घंटे का पॉज़' (The 24-Hour Rule): अगले एक हफ्ते तक एक नियम का पालन करें — जब भी कोई आपसे कोई ऐसी मदद या काम मांगे जिसे करने का आपका मन न हो और जिसके लिए आप तुरंत तैयार न हों, तो फौरन 'हाँ' न कहें। बस इतना कहें, "मैं अपने शेड्यूल को देखकर 24 घंटे में बताता हूँ।" यह 24 घंटे का समय आपको अपनी शक्ति जुटाने और ईमानदारी से जवाब देने का मौका देगा।

- इस दौरान खुद से पूछें: "क्या मैं यह काम अपनी खुशी से कर रहा हूँ या सिर्फ दबाव में?"
- अगर जवाब 'दबाव' है, तो अगले दिन मुस्कुराकर 'ना' कह दें।

अध्याय का सार:

"आपकी 'ना' आपके चरित्र की गहराई को दर्शाती है।" आपकी 'ना' आपके समय की पहरेदार है। जब आप फालतू की चीज़ों को 'ना' कहते हैं, तभी आपके पास उन चीज़ों के लिए 'हाँ' कहने की शक्ति बचती है जो आपके लिए वाकई मायने रखती हैं। अपनी शक्ति को दूसरों की सेवा में तब तक न लगाएं जब तक आपकी अपनी 'बैटरी' फुल न हो। यह अध्याय पाठकों को अपनी सीमाओं की रक्षा करना और अपनी असली शक्ति को दूसरों की 'हाँ' में बर्बाद होने से बचाना सिखाएगा।

एक 'ना' जो पूरे आत्मविश्वास के साथ कही गई हो, उस 'हाँ' से कहीं बेहतर है जो सिर्फ दूसरों को खुश करने के लिए कही गई हो।

अध्याय 15
खुद की तुलना दूसरों से करना छोड़ें
(Stop Comparing Yourself to Others)

(सोशल मीडिया बनाम असलियत: अपनी अनूठी पहचान को पहचानें)
हम एक ऐसे युग में जी रहे हैं जहाँ हमारी सुबह सूरज की पहली किरण से नहीं, बल्कि स्मार्टफोन की स्क्रीन से होती है। आँख खुलते ही हम दूसरों की 'परफेक्ट' छुट्टियाँ, 'परफेक्ट' शादियाँ और 'परफेक्ट' करियर की तस्वीरें देखते हैं। और जाने-अनजाने, हम अपने साधारण से कमरे और साधारण सी ज़िंदगी की तुलना उस चमक-धमक से करने लगते हैं और मन ही मन अपनी साधारण ज़िंदगी को कोसने लगते हैं। यही वह पल है जहाँ हमारा आत्मविश्वास सबसे ज़्यादा घायल होता है। याद रखिए: **तुलना खुशियों की चोर है, और यह आपकी शक्ति को सोख लेती है।**

आत्मविश्वास की राह में सबसे बड़ी बाधाओं में से एक है - **लगातार तुलना करना**। हम अक्सर अपनी जिंदगी की तुलना दूसरों की उपलब्धियों, रूप-रंग, धन, सफलता या सोशल मीडिया पर दिखने वाली तड़क-भड़क से करने लगते हैं। यह आदत धीरे-धीरे हमारे आत्म-सम्मान को कमजोर कर देती है। सच्चाई यह है कि हर व्यक्ति की यात्रा अलग है। **तुलना आत्मविश्वास को घटाती है, जबकि आत्म-स्वीकृति उसे बढ़ाती है।**

यह अध्याय आज के डिजिटल युग में जी रहे पाठकों के लिए सबसे ज़रूरी 'मेंटल डिटॉक्स' साबित होगा। इसमें हम सोशल मीडिया के दौर में अपनी विशिष्टता (Uniqueness) को बचाए रखने के तरीके सीखेंगे। आज के डिजिटल युग में, यह अध्याय आपके पाठकों के लिए एक 'रियलिटी चेक' की तरह होगा जो उन्हें सोशल मीडिया की बनावटी दुनिया से निकाल कर उनकी असली शक्ति से मिलवाएगा।

हम तुलना क्यों करते हैं?

1. **स्वीकृति की चाह** – हम चाहते हैं कि लोग हमें भी उतना ही सफल या योग्य मानें।
2. **समाज और परिवार का दबाव** – "देखो, वह तुमसे आगे निकल गया।"
3. **सोशल मीडिया का प्रभाव** – दूसरों की उपलब्धियाँ देखकर लगता है कि सबकी जिंदगी हमसे बेहतर है।
4. **अंदर की असुरक्षा** – जब हम खुद को पूरी तरह स्वीकार नहीं कर पाते।

लेकिन हमें यह समझना चाहिए कि हम अक्सर दूसरों की "हाइलाइट्स" से अपनी "रियल लाइफ" की तुलना करते हैं।

तुलना के दुष्प्रभाव

- आत्मविश्वास में कमी
- हीन भावना (Inferiority Complex)
- तनाव और चिंता
- अपनी उपलब्धियों की अनदेखी
- नकारात्मक सोच का विकास

तुलना का खेल कभी खत्म नहीं होता। हमेशा कोई न कोई हमसे आगे या अलग होगा।

याद रखने योग्य सत्य

"आपकी प्रतिस्पर्धा किसी और से नहीं, बल्कि अपने कल के रूप से है।"

हर व्यक्ति की परिस्थितियाँ, संसाधन, अनुभव और क्षमताएँ अलग होती हैं। इसलिए तुलना न्यायपूर्ण नहीं होती।

1. उनकी 'Highlight Reel' बनाम आपका 'Behind-the-Scenes'

सोशल मीडिया पर लोग केवल वही दिखाते हैं जो वे चाहते हैं कि आप देखें। कोई भी अपनी हार, अपना अकेलापन, अपनी चिंता या अपनी सुबह की बिखरी हुई शक्ल पोस्ट नहीं करता।

- आप अपनी **पूरी फिल्म** (जिसमें संघर्ष और गलतियाँ भी हैं) की तुलना किसी और की **2 सेकंड की एडिट की हुई फोटो** से कर रहे हैं। यह तुलना ही बेमानी है।
- जब आप अपनी असल ज़िंदगी (जिसमें संघर्ष भी है) की तुलना किसी की एडिट की हुई फोटो से करते हैं, तो आप अपनी शक्ति को खुद ही कम कर देते हैं।

2. आपकी प्रतियोगिता सिर्फ आपसे है

दुनिया में 800 करोड़ लोग हैं, और ब्रह्मांड ने किसी भी दो लोगों को एक जैसा नहीं बनाया। आपकी उंगलियों के निशान (Fingerprints) तक अलग हैं। इसका मतलब है कि कुदरत ने आपको एक 'ओरिजिनल' कृति बनाया है। जब आप किसी और की तरह बनने की कोशिश करते हैं, तो आप अपनी मौलिकता खो देते हैं और आप एक 'सेकंड क्लास' कॉपी बन जाते हैं।

- **शक्ति का सूत्र:** आपकी असली सफलता यह नहीं है कि आप किसी और से बेहतर बनें, बल्कि यह है कि आप आज, अपने कल वाले रूप से थोड़े बेहतर बनें।

3. 'डिजिटल डिटॉक्स' और मानसिक स्वास्थ्य

अगर किसी खास व्यक्ति की पोस्ट देखकर आपको अपने जीवन से नफरत होने लगती है या आप खुद को कम आंकने लगते हैं, तो यह आपकी शक्ति के लिए खतरे की घंटी है।

कठोर निर्णय लें: अगर किसी को फॉलो करने से आपको खुद के बारे में बुरा महसूस होता है, तो उन्हें 'अनफॉलो' या 'म्यूट' करने की शक्ति रखें। आपका मानसिक सुकून किसी भी ट्रेंड या अपडेट से कहीं ज़्यादा कीमती है। सोशल मीडिया पर उन लोगों को 'अनफॉलो' या 'म्यूट' करने में संकोच न करें जो आपकी मानसिक शांति छीनते हैं। आपका फीड (Feed) वैसा ही होना चाहिए जो आपको प्रेरित करे, न कि वह जो आपको नीचा महसूस कराए।

4. अपनी विशिष्टता (Uniqueness) का जश्न मनाएं

हर फूल का खिलने का समय अलग होता है। गुलाब को चमेली जैसा बनने की ज़रूरत नहीं है, और सूरज को चाँद से बेहतर होने की ज़रूरत नहीं है। दोनों अपने-अपने समय पर दुनिया को रोशन करते हैं। अपनी उन खूबियों की सूची बनाएं जो सिर्फ आपमें हैं। शायद वह आपकी बात करने का तरीका, आपकी हंसी, आपकी किसी विषय पर पकड़, आपकी ईमानदारी, आपका सेंस ऑफ ह्यूमर हो, या किसी काम को करने का आपका अनोखा तरीका। यही आपकी असली शक्ति है। शायद यही आपकी 'सिग्नेचर स्ट्रेंथ' है।

(क). विद्यार्थियों के संदर्भ में

(1) *अंकों की तुलना :* स्कूल और कॉलेज में अक्सर तुलना का आधार अंक (Marks) बन जाते हैं।

- "उसके 95% आए, मेरे केवल 85%।"
- "वह टॉपर है, मैं साधारण हूँ।"

लेकिन अंक केवल एक परीक्षा के प्रदर्शन को दर्शाते हैं, पूरी योग्यता को नहीं। हर विद्यार्थी की सीखने की शैली, रुचि और क्षमता अलग होती है।

(2) *प्रतियोगी परीक्षाओं का दबाव :* प्रतियोगी परीक्षाओं में लाखों विद्यार्थी शामिल होते हैं। ऐसे में तुलना और दबाव स्वाभाविक है। लेकिन याद रखें — हर सफलता की अपनी समय-रेखा (Timeline) होती है।

(3) *सोशल मीडिया और तुलना :* आज के विद्यार्थी सोशल मीडिया पर दूसरों की उपलब्धियाँ देखकर स्वयं को कम आँकने लगते हैं। उन्हें यह समझना चाहिए कि वहाँ केवल सफलता दिखाई जाती है, संघर्ष नहीं।

विद्यार्थियों के लिए समाधान

1. अपनी प्रगति का ग्राफ स्वयं बनाएं।
2. अंक से अधिक सीखने पर ध्यान दें।
3. अपनी रुचि और क्षमता को पहचानें।
4. "मैं हर दिन बेहतर बन रहा हूँ" – यह सकारात्मक आत्म-संवाद अपनाएँ।
5. दूसरों से प्रेरणा लें, प्रतिस्पर्धा नहीं।

(ख). युवाओं के संदर्भ में

युवा अवस्था में तुलना अक्सर करियर, रूप-रंग, रिश्ते और जीवनशैली को लेकर होती है।

(1) करियर तुलना

- "उसकी नौकरी मुझसे बेहतर है।"
- "वह मुझसे पहले सेटल हो गया।"

हर व्यक्ति की परिस्थितियाँ, पारिवारिक पृष्ठभूमि और अवसर अलग होते हैं।

(2) जीवनशैली की तुलना : सोशल मीडिया पर दूसरों की यात्राएँ, गाड़ियाँ, ब्रांडेड कपड़े देखकर लगता है कि सबकी जिंदगी हमसे बेहतर है। लेकिन वास्तविक जीवन की चुनौतियाँ अक्सर छिपी रहती हैं।

युवाओं के लिए समाधान

1. अपनी दीर्घकालिक योजना (Long-term Goals) बनाएं।
2. कौशल विकास (Skill Development) पर ध्यान दें।
3. आत्म-स्वीकृति और आत्म-सम्मान को प्राथमिकता दें।
4. तुलना की बजाय सहयोग (Collaboration) की भावना विकसित करें।
5. कृतज्ञता (Gratitude) का अभ्यास करें।

(ग). पेशेवर जीवन (Professional Life) में तुलना

कार्यस्थल पर तुलना अधिक संवेदनशील हो सकती है।

(1) पद और वेतन की तुलना

- "उसे प्रमोशन मिल गया, मुझे नहीं।"
- "उसकी सैलरी अधिक है।"

यह सोच मन में असंतोष और ईर्ष्या पैदा कर सकती है।

(2) सहकर्मियों से प्रतिस्पर्धा : स्वस्थ प्रतिस्पर्धा अच्छी है, लेकिन अत्यधिक तुलना तनाव और असुरक्षा बढ़ाती है।

पेशेवरों के लिए समाधान

1. अपनी कार्यक्षमता और कौशल पर ध्यान दें।

2. नियमित फीडबैक लें और सुधार करें।
3. अपनी उपलब्धियों का रिकॉर्ड रखें।
4. सहयोगी दृष्टिकोण अपनाएँ।
5. व्यक्तिगत विकास को प्राथमिकता दें।

इस अध्याय की विशेष गतिविधि (Action Step):
'सोशल मीडिया उपवास' (The Comparison Fast): अगले 3 दिनों के लिए एक प्रयोग करें:

1. सोशल मीडिया ऐप्स का उपयोग दिन में केवल 20 मिनट के लिए करें।
2. जब भी मन में तुलना का विचार आए, तुरंत अपने हाथ की हथेलियों को देखें और सोचें— "इन लकीरों जैसा दुनिया में कोई और नहीं है। मेरी यात्रा मेरी अपनी है।" हर बार जब आप किसी को देखकर खुद को कम आंकने लगें, तो तुरंत रुकें और खुद को याद दिलाएँ: **"उनकी यात्रा अलग है, मेरी यात्रा अलग है। मैं अपनी रफ़्तार से चमकूँगा।"**
3. इन 3 दिनों में अपनी तुलना दूसरों से करने के बजाय, अपनी **3 ऐसी खूबियों** पर ध्यान दें जो आपको दूसरों से अलग बनाती हैं। उन्हें एक डायरी में लिखें। और यह भी लिखें की सोशल मीडिया से दूर रहकर आपके आत्मविश्वास में क्या सुधार आया।
4. जब भी आप तुलना करने लगें, अपने आप से पूछें:
   - क्या मेरी परिस्थितियाँ और उसकी परिस्थितियाँ समान हैं?
   - क्या मैं अपनी पूरी कहानी देख रहा/रही हूँ?
   - क्या यह तुलना मुझे बेहतर बना रही है या कमजोर?

यदि उत्तर “कमजोर” है, तो तुरंत अपना ध्यान अपने लक्ष्य और प्रयास पर केंद्रित करें।

अध्याय का सार:
दुनिया आपको वैसी ही स्वीकार करेगी, जैसा आप खुद को पेश करेंगे। यदि आप खुद को किसी की 'कॉपी' बनाएंगे, तो आपकी कीमत हमेशा कम रहेगी। लेकिन जिस दिन आप गर्व के साथ अपनी 'ओरिजिनलिटी' को स्वीकार कर

लेंगे, दुनिया आपके पीछे चलेगी। आपकी शक्ति आपकी अपनी पहचान में है। यह अध्याय इस पुस्तक का भावनात्मक शिखर (Emotional Peak) है। यहाँ पाठक को बहुत हल्का और सशक्त महसूस होना चाहिए। एक बहुत ही प्यारा उदाहरण है: ***"गुलाब को चमेली जैसा बनने की ज़रूरत नहीं है, और सूरज को चाँद से बेहतर होने की ज़रूरत नहीं है। दोनों अपने-अपने समय पर चमकते हैं।"***

याद रखें — "फूलों की तुलना नहीं की जाती। हर फूल अपनी खुशबू और रंग से विशेष होता है।" **आप भी उसी प्रकार अद्वितीय हैं। आपकी गति अलग है, आपकी दिशा अलग है, और आपकी सफलता भी अलग होगी।**

अध्याय 16
आत्मविश्वास – कुछ प्रेरक कहानियाँ

कहानी 1. अंदर की आवाज

अरुण एक प्रतिष्ठित इंजीनियरिंग कॉलेज में पढ़ता था। प्रतिभा की कमी नहीं थी, लेकिन वह हर बार प्रस्तुति के समय घबरा जाता था। उसे लगता था कि लोग उसकी कमियों को खोज रहे हैं। एक दिन उसके प्रोफेसर ने उससे कहा — "अरुण, दुनिया तुम्हें उतना नहीं परखती जितना तुम स्वयं को परखते हो।" यह वाक्य उसके मन में बैठ गया। उसने अपने भीतर चल रही नकारात्मक बातचीत पर ध्यान देना शुरू किया। वह अक्सर सोचता था — *"मैं गलती कर दूँगा... लोग हँसेंगे... मैं अच्छा नहीं हूँ।"*

उसने एक प्रयोग किया। हर नकारात्मक विचार को वह लिखता और उसके सामने एक सकारात्मक, यथार्थपरक वाक्य लिख देता:

- "मैं गलती कर दूँगा" → "अगर गलती होगी तो सीखने का अवसर मिलेगा।"
- "लोग हँसेंगे" → "लोग सीखने वाले का सम्मान करते हैं।"

धीरे-धीरे उसके विचार बदलने लगे। अगली प्रस्तुति में उसने पूरी तैयारी के साथ मंच संभाला। उसकी आवाज में अब डर नहीं, स्पष्टता थी। उस दिन उसे समझ आया — **आत्मविश्वास का जन्म तब होता है जब हम अपनी अंदर की आलोचनात्मक आवाज को मार्गदर्शक आवाज में बदल देते हैं।**

चिंतन बिंदु:

- आप अपने बारे में दिनभर क्या सोचते हैं?
- क्या आपकी अंदर की आवाज आपका साथ दे रही है या आपको रोक रही है?

अरुण की कहानी हमें यह सिखाती है कि आत्मविश्वास हमारे भीतर चल रही बातचीत से शुरू होता है। यदि हम स्वयं को कमजोर कहते रहेंगे, तो मन उसी को सच मान लेगा। लेकिन यदि हम अपनी सोच को दिशा दें, तो परिणाम बदलने लगते हैं।

अभ्यास (Exercises)

i) नकारात्मक विचार पकड़िए

एक कागज़ पर लिखिए: आज मेरे मन में अपने बारे में कौन-सा नकारात्मक विचार आया?

उसके सामने लिखिए: उसका सकारात्मक और यथार्थपरक उत्तर क्या हो सकता है?

इसे 21 दिनों तक कीजिए।

ii) आईना अभ्यास

हर सुबह आईने में देखकर तीन वाक्य बोलें:

- मैं सक्षम हूँ।
- मैं सीख सकता/सकती हूँ।
- मैं प्रयास अवश्य करूँगा/करूँगी।

iii) आत्मसंवाद डायरी

रोज़ रात को लिखें:

- आज मैंने कहाँ अच्छा किया?
- मैंने आज क्या सीखा?

प्रेरक उद्धरण

आप दिनभर अपने आप से जो बातें करते हैं, वही आपके व्यक्तित्व का निर्माण करती हैं। "आत्मविश्वास बाहर से नहीं मिलता, वह अंदर से विकसित होता है।"

कहानी 2. छोटे साहस की शक्ति

मीरा एक कॉर्पोरेट कंपनी में नई-नई नियुक्त हुई थी। मीटिंग में उसके पास अच्छे विचार होते थे, पर वह चुप रहती थी। उसे लगता था कि वरिष्ठ अधिकारी उसके विचारों को महत्व नहीं देंगे।
एक दिन उसने तय किया — *"आज मैं कम से कम एक सुझाव अवश्य दूँगी।"*
मीटिंग शुरू हुई। उसका दिल तेज धड़क रहा था। सही अवसर आने पर उसने हाथ उठाया और संक्षेप में अपना विचार रखा। कमरे में कुछ क्षणों की शांति रही...

फिर उसके प्रोजेक्ट हेड ने कहा, "यह उपयोगी सुझाव है, इसे लागू करते हैं।"
वह दिन मीरा के जीवन का मोड़ था। उसने समझा —
आत्मविश्वास पहले से नहीं आता; वह कार्य करने के बाद उत्पन्न होता है।

उसके बाद उसने हर मीटिंग में कम से कम एक सार्थक योगदान देने का नियम बना लिया। कुछ महीनों में वही मीरा टीम लीड बन गई।
चिंतन बिंदु:

- क्या आप अवसर का इंतजार करते हैं या छोटा साहस दिखाकर अवसर बनाते हैं?
- क्या आप प्रतिदिन एक छोटा कदम उठा सकते हैं?

मीरा की कहानी बताती है कि आत्मविश्वास इंतजार करने से नहीं आता, बल्कि छोटे-छोटे साहसिक कदम उठाने से आता है।

अभ्यास (Exercises)

i) एक छोटा साहस नियम

हर दिन एक छोटा साहसिक कार्य तय करें:

- मीटिंग में एक विचार रखना
- किसी नए व्यक्ति से बातचीत शुरू करना
- किसी चुनौतीपूर्ण कार्य के लिए स्वयं आगे आना

ii) 5% अधिक प्रयास
जो काम आप सामान्य रूप से करते हैं, उसमें 5% अधिक प्रयास करें।
उदाहरण:

- 5 मिनट अधिक तैयारी
- 5% अधिक स्पष्ट बोलना

iii) सफलता सूची
एक सूची बनाइए:

- अब तक आपने जीवन में कौन-कौन सी छोटी सफलताएँ प्राप्त की हैं?

उसे बार-बार पढ़ें।

प्रेरक उद्धरण
"साहस डर का अभाव नहीं, बल्कि डर के बावजूद आगे बढ़ना है।"
"छोटे कदम ही बड़े आत्मविश्वास की नींव रखते हैं।"

कहानी 3. असफलता: आत्मविश्वास की प्रयोगशाला
राहुल एक युवा उद्यमी था। उसने अपना पहला स्टार्टअप शुरू किया, लेकिन छह महीने में व्यवसाय बंद करना पड़ा। परिवार और मित्रों की आलोचना ने उसका मनोबल तोड़ दिया। वह स्वयं को असफल मान बैठा। एक दिन उसने अपने पुराने शिक्षक से मुलाकात की। शिक्षक ने पूछा, "तुमने क्या खोया?"
राहुल बोला, "पैसा, समय और प्रतिष्ठा।"

शिक्षक मुस्कुराए, "और क्या पाया?"
राहुल कुछ देर चुप रहा, फिर बोला, "अनुभव... बाज़ार की समझ... अपनी कमजोरियों की पहचान..."
शिक्षक ने कहा, "यही तुम्हारा असली लाभ है। असफलता तुम्हें गिराती नहीं, तुम्हें मजबूत बनाने के लिए परखती है।"

राहुल ने दूसरा प्रयास किया। इस बार उसने अपनी पिछली गलतियों से सीखा। कुछ वर्षों में उसका नया व्यवसाय सफल हो गया। उसे समझ आया — **आत्मविश्वास का अर्थ यह नहीं कि आप कभी नहीं हारेंगे; बल्कि यह विश्वास कि हार के बाद भी आप पुनः उठ सकते हैं।**

चिंतन बिंदु:

- क्या आप अपनी असफलताओं को अंत मानते हैं या सीखने का अध्याय?
- क्या आप हर हार से एक सबक निकालते हैं?

राहुल की कहानी हमें याद दिलाती है कि असफलता अंत नहीं है। वह आत्मविश्वास की प्रयोगशाला है, जहाँ हम स्वयं को मजबूत बनाते हैं।

अभ्यास (Exercises)

i) असफलता विश्लेषण तालिका

किसी एक असफलता को लिखें और तीन प्रश्नों के उत्तर दें:

- क्या हुआ?
- मैंने क्या सीखा?
- अगली बार मैं क्या अलग करूँगा/करूँगी?

ii) "सीख" पर ध्यान

जब भी कोई गलती हो, तुरंत स्वयं से पूछें:

- इसमें छिपा सबक क्या है?

iii) पुनः प्रयास तिथि तय करें

जिस कार्य में आप असफल हुए हैं, उसके लिए अगली कोशिश की एक निश्चित तिथि लिखें।

प्रेरक उद्धरण

"असफलता गिराती नहीं, सिखाती है।"

"सफल वही होता है जो हार के बाद भी प्रयास करना नहीं छोड़ता।"

कहानी 4: असफलता से दोस्ती

अमन एक क्रिकेट खिलाड़ी बनना चाहता था। उसने कई बार ट्रायल दिए, लेकिन हर बार चयन नहीं हुआ। वह निराश हो गया। उसके कोच ने कहा, "तुम्हारी समस्या प्रतिभा की नहीं, आत्मविश्वास की है। तुम हर असफलता को अपनी कमजोरी मान लेते हो।" कोच ने उसे एक डायरी दी और कहा — "हर दिन लिखो कि आज तुमने क्या सीखा, न कि कहाँ हारे।"

अमन ने अभ्यास जारी रखा। उसने अपनी गलतियों को सुधारने पर ध्यान दिया। धीरे-धीरे उसका खेल बेहतर होने लगा। एक साल बाद, उसी टीम में उसका चयन हो गया। उसने महसूस किया — **असफलता आत्मविश्वास तोड़ती नहीं, उसे मजबूत बनाती है — अगर हम उससे सीखें।**

सीख: आत्मविश्वास का मतलब कभी न गिरना नहीं है, बल्कि हर बार गिरकर फिर खड़े होना है।

कहानी 5. डर के आगे जीत है (युवा चित्रकार की कहानी)

एक युवा चित्रकार बहुत प्रतिभाशाली था, लेकिन उसमें आत्मविश्वास की कमी थी। वह हमेशा डरता था कि लोग उसकी पेंटिंग का मज़ाक उड़ाएंगे। एक दिन उसके गुरु ने उसे शहर के मुख्य चौराहे पर एक पेंटिंग रखने को कहा और साथ में एक नोट लिखा: *"जिसे भी इस पेंटिंग में कमी दिखे, वह वहाँ एक निशान लगा दे।"*

शाम को जब वह वापस गया, तो पूरी पेंटिंग निशानों से भरी थी। वह टूट गया। अगले दिन गुरु ने फिर वही पेंटिंग रखवाई, लेकिन इस बार नोट बदला: *"जिसे भी कमी दिखे, वह उसे सुधार दे।"* शाम को पेंटिंग वैसी की वैसी ही थी—किसी ने उसे छुआ तक नहीं था। गुरु ने समझाया, "दुनिया कमियाँ निकालना जानती है, सुधारना नहीं। इसलिए दूसरों की राय को अपने आत्मविश्वास की नींव मत बनाओ। अपनी काबिलियत पर भरोसा रखो।"

सीख: दूसरों की **आलोचना (Criticism)** से डरना छोड़ें। आत्मविश्वास बाहरी प्रशंसा से नहीं, आपके आंतरिक विश्वास से आता है।

निष्कर्ष
आपकी नई पहचान
30-दिन का "आत्मविश्वास विकास कार्यक्रम"

इस पुस्तक के सभी **16 मुख्य अध्याय** अब पूरे हो चुके हैं। अब अंतिम पड़ाव है— "**निष्कर्ष:**
आपकी नई पहचान" और वह "**आत्मविश्वास चेकलिस्ट**" जो पाठक के लिए हमेशा मार्गदर्शक का काम करेगी। यह वह जगह है जहाँ हम आपको विश्वास दिलाते हैं कि अब आप पूरी तरह बदल चुके हैं और दुनिया का सामना करने के लिए तैयार हैं। आपने इस पुस्तक के आखिरी पन्ने तक पहुँचकर यह साबित कर दिया है कि आप अपनी स्थिति बदलने के लिए गंभीर हैं। बहुत से लोग शुरुआत तो करते हैं, लेकिन कुछ ही अंत तक पहुँचते हैं—और आप उन चुनिंदा लोगों में से एक हैं।

इन 16 अध्यायों के सफर में आपने सीखा कि आत्मविश्वास कोई जादुई शक्ति नहीं, बल्कि एक मांसपेशी (Muscle) की तरह है जिसे हर दिन की छोटी-छोटी जीतों, सही बॉडी लैंग्वेज और सकारात्मक संवाद से मज़बूत किया जा सकता है। अब जब आप इस किताब को बंद करेंगे, तो आप वह व्यक्ति नहीं रहेंगे जिसने इसे शुरू किया था। अब आपके पास वह 'टॉर्च' है जिसकी बात हमने शुरुआत में की थी।

याद रखिए, रास्ते में मुश्किलें फिर आएंगी, पुराने डर फिर से दस्तक देंगे, लेकिन अब आपके पास उनसे लड़ने के हथियार हैं। अब आप जानते हैं कि हारना एक सबक है और 'ना' कहना आपकी ताकत। अब जाइए और दुनिया को अपना वह रूप दिखाइए जिसका उसे वर्षों से इंतज़ार था।

आत्मविश्वास चेकलिस्ट (Daily Confidence Checklist)
किताब खत्म करने के बाद, हर सुबह इन 7 बिंदुओं पर टिक करें:

1. **दर्पण संवाद और अपने प्रति दयालु रहें (Mirror Talk & Be kind to Yourself):** क्या मैंने आज आईने में देखकर खुद को एक विजेता की तरह सराहा? मैं बिना किसी पूर्वाग्रह के अपनी भावनाओं का सम्मान कैसे कर सकता हूँ?

2. **स्वयं की देखभाल का अभ्यास करें (Practice Self Care):** मेरा शरीर कैसा महसूस कर रहा है?, मुझे किन चीजों को प्राथमिकता देनी चाहिए?, और मैं किन चीजों को छोड़ सकता हूँ?
3. **शब्दों का चयन:** क्या मैंने आज 'मुझसे नहीं होगा' की जगह 'मैं इसे सीख रहा हूँ' कहा?
4. **छोटी जीत और अपनी खूबियों पर ध्यान केंद्रित करें (Micro-Win & Focus on your Strengths):** आज मैंने कौन सा एक छोटा काम पूरा किया जिसे मैं टाल रहा था? कौन सी गतिविधियाँ मुझे ऊर्जा प्रदान करती हैं, कौन सा कार्य मैं दूसरों की तुलना में बेहतर करता हूँ, और किन उपलब्धियों पर मुझे सबसे अधिक गर्व है?
5. **सीमा निर्धारण (Set Boundaries):** क्या मैंने आज अपने समय और ऊर्जा की रक्षा के लिए 'ना' कहने की हिम्मत दिखाई?
6. **तुलना पर विराम:** क्या मैंने आज दूसरों की 'हाइलाइट रील' से अपनी ज़िंदगी की तुलना करना बंद किया?
7. **रात का आभार (Gratitude):** क्या सोने से पहले मैंने अपनी आज की तीन सफलताओं को अपनी डायरी में दर्ज किया?

30-दिन का "आत्मविश्वास विकास कार्यक्रम": एक संरचित, व्यवहारिक और परिणामोन्मुख कार्यक्रम

यह कार्यक्रम 4 चरणों में विभाजित है:

1. **जागरूकता (Awareness)**
2. **आंतरिक निर्माण (Inner Strength Building)**
3. **साहसिक क्रिया (Bold Action)**
4. **स्थायी आत्मविश्वास (Sustainable Confidence)**

सप्ताह 1 (दिन 1–7)

चरण 1: स्वयं को जानिए (Self-Awareness)

दिन 1: अपने बारे में 10 सकारात्मक गुण लिखें।

दिन 2: अपने 5 प्रमुख डर लिखें। हर डर के सामने लिखें – "सबसे बुरा क्या हो सकता है?"

दिन 3: दिनभर अपने आत्मसंवाद पर ध्यान दें। 5 नकारात्मक विचार पकड़ें और उन्हें सकारात्मक रूप दें।

दिन 4: आईना अभ्यास शुरू करें: "मैं सक्षम हूँ, मैं योग्य हूँ, मैं प्रयास करूँगा।"

दिन 5: अपने जीवन की 10 छोटी-बड़ी सफलताएँ लिखें।

दिन 6: किसी विश्वसनीय व्यक्ति से पूछें – "आप मेरी कौन-सी 3 खूबियाँ देखते हैं?"

दिन 7: साप्ताहिक समीक्षा:

- मैंने अपने बारे में क्या नया जाना?
- कौन-सा डर बेबुनियाद लगा?

सप्ताह 2 (दिन 8–14)

चरण 2: आंतरिक शक्ति निर्माण

दिन 8: एक नया छोटा लक्ष्य तय करें (7 दिन में पूरा होने वाला)।

दिन 9: 5 मिनट ध्यान (Meditation) करें — अपने आप को सफल होते हुए कल्पना करें।

दिन 10: अपने पहनावे और शारीरिक भाषा पर ध्यान दें (सीधा चलें, स्पष्ट बोलें)।

दिन 11: आज किसी एक व्यक्ति की सच्ची प्रशंसा करें।

दिन 12: किसी एक टाल रहे काम को पूरा करें।
दिन 13: "मैं क्यों सक्षम हूँ?" इस विषय पर 1 पृष्ठ लिखें।
दिन 14: साप्ताहिक समीक्षा:

- क्या मेरे भीतर सकारात्मकता बढ़ी?
- क्या मैं थोड़ा अधिक निडर महसूस कर रहा/रही हूँ?

सप्ताह 3 (दिन 15–21)
चरण 3: साहसिक कार्य (Action Builds Confidence)
दिन 15: किसी मीटिंग/परिवार चर्चा में एक विचार अवश्य रखें।
दिन 16: किसी नए व्यक्ति से बातचीत शुरू करें।
दिन 17: जिस काम से डर लगता है, उसका छोटा संस्करण करें।
दिन 18: सोशल मीडिया या समूह में अपना विचार साझा करें।
दिन 19: "ना" कहना सीखें — एक अनावश्यक अनुरोध को विनम्रता से मना करें।
दिन 20: किसी कौशल पर 30 मिनट अभ्यास करें।
दिन 21: समीक्षा:

- इस सप्ताह मैंने कौन-सा साहस दिखाया?
- मुझे सबसे अधिक गर्व किस बात पर है?

सप्ताह 4 (दिन 22–30)
चरण 4: स्थायी आत्मविश्वास
दिन 22: अपनी "भविष्य की सफल छवि" लिखें (5 वर्ष बाद आप कैसे होंगे?)
दिन 23: अपनी कमजोरियों की सूची बनाएं — हर एक के सामने सुधार का एक कदम लिखें।
दिन 24: आज पूरे दिन सकारात्मक शब्दों का प्रयोग करें।
दिन 25: अपने जीवन का एक बड़ा लक्ष्य लिखें और उसे 5 छोटे चरणों में बाँटें।
दिन 26: किसी असफलता को लिखें और उसमें छिपे 3 सबक खोजें।
दिन 27: 30 मिनट शारीरिक व्यायाम करें।
दिन 28: किसी प्रेरक पुस्तक का एक अध्याय पढ़ें।
दिन 29: पिछले 29 दिनों की डायरी पढ़ें। अपनी प्रगति पहचानें।

दिन 30: स्वयं को एक पत्र लिखें: "अब मैं पहले से अधिक आत्मविश्वासी क्यों हूँ?"

स्वर्ण नियम (Golden Rules)

✔ पूर्णता नहीं, प्रगति महत्वपूर्ण है।
✔ तुलना दूसरों से नहीं, स्वयं से करें।
✔ डर संकेत है — रुकने का नहीं, बढ़ने का।
✔ आत्मविश्वास क्रिया से जन्म लेता है।

कार्यक्रम का उद्देश्य

इन 30 दिनों में आप:

- अपनी सोच को सकारात्मक दिशा देंगे
- छोटे साहसिक कदम उठाएँगे
- असफलताओं से सीखना सीखेंगे
- और स्थायी आत्मविश्वास विकसित करेंगे

✍ **अंतिम शब्द:**

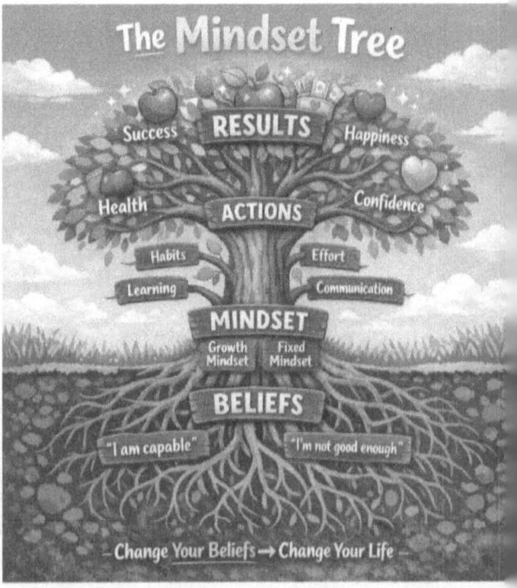

आपकी शक्ति आपके पद, पैसे या रूप-रंग में नहीं है; आपकी असली शक्ति आपके भीतर के उस अटूट विश्वास में है कि आप किसी भी परिस्थिति से लड़कर दोबारा खड़े हो सकते हैं। अपने आप पर विश्वास रखें। आप जितना सोचते हैं, उससे कहीं अधिक सक्षम हैं। अगर कभी आपको आत्मविश्वास की कमी महसूस हो, तो अपनी सोच को "मैं काफी अच्छा नहीं हूँ" से बदलकर "मैं सक्षम हूँ" कर लें। इससे आपकी मानसिकता बदलेगी और आपके कार्य भी उसी के अनुरूप होंगे। फिर सफलता, आत्मविश्वास और खुशी निश्चित है। **यदि इस पुस्तक का एक भी अध्याय आपके भीतर सकारात्मक परिवर्तन ला सके, तो इसका उद्देश्य सफल माना जाएगा।**

"कम आत्मविश्वास जीवनभर की सज़ा नहीं है। आत्मविश्वास सीखा, अभ्यास किया और निपुण बनाया जा सकता है।"
— Barrie Davenport

"चाहे आप सोचें कि आप कर सकते हैं या सोचें कि नहीं कर सकते — दोनों ही स्थिति में आप सही हैं।"
— Henry Ford

"आत्मविश्वास के साथ आप शुरुआत करने से पहले ही जीत चुके होते हैं।"
— Marcus Garvey

"आशावाद वह विश्वास है जो उपलब्धि तक ले जाता है। आशा और आत्मविश्वास के बिना कुछ भी संभव नहीं है।"
— Helen Keller

"आप जो सबसे सुंदर वस्त्र पहन सकते हैं, वह है आत्मविश्वास।"
— Blake Lively

"आपकी अनुमति के बिना कोई भी आपको हीन महसूस नहीं करा सकता।"
— Eleanor Roosevelt

"अपने आप पर भरोसा रखें। आप जितना सोचते हैं, उससे अधिक जानते हैं।"
— Benjamin Spock

"विश्वास कीजिए कि आप कर सकते हैं — और आप आधी मंज़िल तय कर चुके हैं।"
— Theodore Roosevelt

"आत्मविश्वास हमेशा सही होने से नहीं, बल्कि गलत होने के डर से मुक्त होने से आता है।"
— Peter T. McIntyre

"सब कुछ बिल्कुल सही होने का इंतज़ार मत कीजिए। यह कभी परिपूर्ण नहीं होगा। चुनौतियाँ हमेशा रहेंगी। अभी शुरुआत कीजिए।"
— Mark Victor Hansen

www.ingramcontent.com/pod-product-compliance
Lightning Source LLC
La Vergne TN
LVHW090328210926
848480LV00004B/1338